MULTIPLICATION FACTS PRACTICE BOOK

IMPROVE YOUR MATH FLUENCY SERIES

Chris McMullen, Ph.D.

Multiplication Facts Practice Book
Improve Your Math Fluency Series

Cover design by Melissa Stevens at www.theillustratedauthor.net.

Nonfiction / Education / Elementary School
Professional & Technical / Education / Specific Skills / Mathematics
Children's / Science / Mathematics

ISBN: 1448606896

EAN-13: 9781448606894

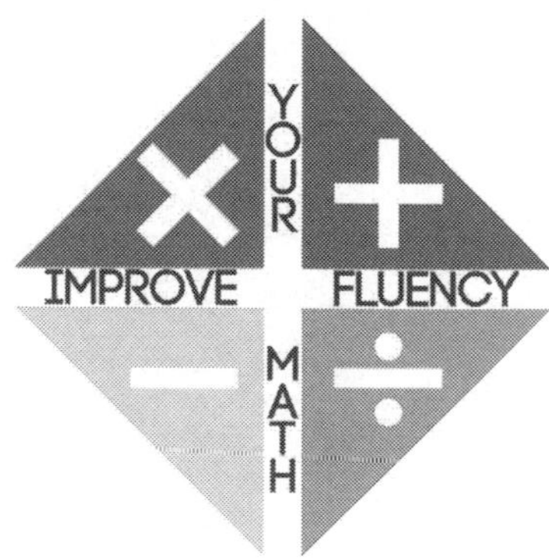

www.improveyourmathfluency.com

Contents

Multiplication Table

	1	2	3	4	5	6	7	8	9	10
1	1	2	3	4	5	6	7	8	9	10
2	2	4	6	8	10	12	14	16	18	20
3	3	6	9	12	15	18	21	24	27	30
4	4	8	12	16	20	24	28	32	36	40
5	5	10	15	20	25	30	35	40	45	50
6	6	12	18	24	30	36	42	48	54	60
7	7	14	21	28	35	42	49	56	63	70
8	8	16	24	32	40	48	56	64	72	80
9	9	18	27	36	45	54	63	72	81	90
10	10	20	30	40	50	60	70	80	90	100

Making the Most of this Workbook

- Mathematics is a language. You can't hold a decent conversation in any language if you have a limited vocabulary or if you are not fluent. In order to become successful in mathematics, you need to practice until you have mastered the fundamentals and developed fluency in the subject. This *Multiplication Facts Practice Book* will help you improve your multiplication skills.

- You may need to consult the multiplication table on page 4 occasionally as you begin your practice, but should refrain from relying on it. Force yourself to solve the problems independently as much as possible. It is necessary to memorize the basic multiplication facts and know them quickly in order to become successful at multiplication and division.

- Use Part 1 of this book to practice memorizing the basic multiplication facts and to learn them quickly. Each page in Part 1 features a single number.

- Part 2 of this book will help you focus on multiplying numbers where one of the factors is no larger than 5. This way you are not challenged with too much at once.

- Concentrate on problems where at least one factor is greater than 5 in Part 3 of this book.

- Part 4 of this book includes all multiplication facts with numbers between 0 and 10 mixed together. You are ready to move onto Part 4 when you can complete the practice pages of Parts 2 and 3 quickly with few mistakes. Part 4 will help you develop fluency in your knowledge of multiplication facts.

- After you complete a page, check your answers with a calculator. Practice makes permanent, but not necessarily perfect: If you practice making mistakes, you will learn your mistakes. Check your answers and learn from your mistakes such that you practice solving the problems correctly. This way your practice will make perfect.

- Math can be fun. Make a game of your practice by recording your times and trying to improve on your times, and recording your scores and trying to improve on your scores. Doing this will help you see how much you are improving, and this sign of improvement can give you the confidence to succeed in math, which can help you learn to enjoy this subject more.

Part 1: Practice Individual Multiplication Facts

Time: ______________ Score: ______________

1	1	0	1	1	1	1	1	1	4
× 0	× 10	× 1	× 5	× 2	× 4	× 1	× 8	× 10	× 1
1	2	1	1	3	1	5	8	1	3
× 1	× 1	× 0	× 9	× 1	× 4	× 1	× 1	× 10	× 1
5	8	8	1	8	1	7	8	10	1
× 1	× 1	× 1	× 4	× 1	× 6	× 1	× 1	× 1	× 8
1	5	0	1	1	4	1	5	1	10
× 4	× 1	× 1	× 4	× 9	× 1	× 0	× 1	× 3	× 1
1	2	1	1	1	1	5	4	3	1
× 5	× 1	× 5	× 9	× 7	× 2	× 1	× 1	× 1	× 0
1	3	1	1	1	1	1	10	0	7
× 4	× 1	× 10	× 2	× 10	× 8	× 4	× 1	× 1	× 1
3	1	1	7	1	1	1	6	9	3
× 1	× 6	× 10	× 1	× 0	× 2	× 1	× 1	× 1	× 1
9	1	3	8	1	3	5	1	9	2
× 1	× 2	× 1	× 1	× 1	× 1	× 1	× 0	× 1	× 1
9	4	8	8	1	2	1	10	1	2
× 1	× 1	× 1	× 1	× 7	× 1	× 10	× 1	× 6	× 1

Time: ______________ Score: ______________

1	1	9	4	0	1	1	1	1	4
× 8	× 7	× 1	× 1	× 1	× 0	× 2	× 0	× 7	× 1
1	1	1	5	1	9	1	1	1	7
× 2	× 3	× 7	× 1	× 8	× 1	× 9	× 0	× 4	× 1
8	10	1	2	8	2	1	1	0	1
× 1	× 1	× 10	× 1	× 1	× 1	× 9	× 1	× 1	× 1
4	1	9	5	9	1	1	1	9	8
× 1	× 1	× 1	× 1	× 1	× 3	× 1	× 10	× 1	× 1
7	1	1	1	1	1	7	10	10	7
× 1	× 1	× 3	× 2	× 1	× 1	× 1	× 1	× 1	× 1
9	1	1	1	5	1	7	5	1	1
× 1	× 8	× 9	× 10	× 1	× 8	× 1	× 1	× 1	× 10
0	1	1	0	1	5	0	4	1	1
× 1	× 1	× 3	× 1	× 10	× 1	× 1	× 1	× 4	× 4
9	1	4	6	1	6	1	5	2	1
× 1	× 3	× 1	× 1	× 4	× 1	× 4	× 1	× 1	× 2
3	2	1	6	1	10	10	1	4	7
× 1	× 1	× 8	× 1	× 2	× 1	× 1	× 10	× 1	× 1

Time: ____________ Score: ____________

2	1	1	1	3	9	1	6	1	9
× 1	× 6	× 10	× 7	× 1	× 1	× 9	× 1	× 0	× 1

6	1	1	8	8	1	1	0	8	1
× 1	× 3	× 0	× 1	× 1	× 1	× 10	× 1	× 1	× 7

6	7	1	1	1	9	1	8	1	1
× 1	× 1	× 1	× 3	× 8	× 1	× 9	× 1	× 8	× 3

1	1	1	7	1	1	1	0	1	3
× 3	× 7	× 1	× 1	× 8	× 2	× 9	× 1	× 2	× 1

1	2	5	1	1	1	1	6	6	8
× 6	× 1	× 1	× 1	× 7	× 10	× 5	× 1	× 1	× 1

8	2	3	1	6	1	1	7	1	1
× 1	× 1	× 1	× 0	× 1	× 1	× 1	× 1	× 9	× 1

1	4	1	1	0	10	1	5	1	1
× 3	× 1	× 0	× 7	× 1	× 1	× 4	× 1	× 9	× 6

1	9	1	1	1	10	8	1	1	2
× 7	× 1	× 6	× 10	× 8	× 1	× 1	× 3	× 7	× 1

7	4	1	1	9	1	7	7	1	1
× 1	× 1	× 2	× 2	× 1	× 8	× 1	× 1	× 6	× 7

Time: ______________ Score: ______________

2	6	1	0	1	0	1	1	5	1
× 1	× 1	× 4	× 1	× 4	× 1	× 3	× 10	× 1	× 9
1	7	6	1	1	1	1	1	0	5
× 2	× 1	× 1	× 0	× 8	× 8	× 1	× 1	× 1	× 1
4	1	0	9	1	1	1	4	1	0
× 1	× 1	× 1	× 1	× 0	× 1	× 0	× 1	× 8	× 1
6	7	1	1	1	1	1	0	3	1
× 1	× 1	× 1	× 1	× 4	× 9	× 2	× 1	× 1	× 8
1	1	1	7	1	7	10	4	1	1
× 8	× 1	× 3	× 1	× 9	× 1	× 1	× 1	× 3	× 0
8	4	1	6	8	1	3	1	8	10
× 1	× 1	× 2	× 1	× 1	× 1	× 1	× 2	× 1	× 1
8	1	9	10	1	1	7	0	1	1
× 1	× 3	× 1	× 1	× 5	× 10	× 1	× 1	× 4	× 1
1	4	1	0	1	2	6	1	2	1
× 7	× 1	× 1	× 1	× 4	× 1	× 1	× 0	× 1	× 7
1	1	1	1	1	1	1	5	1	5
× 6	× 5	× 2	× 6	× 3	× 9	× 8	× 1	× 1	× 1

Time: ____________ Score: ____________

2	2	2	2	2	8	9	8	2	0
× 3	× 9	× 0	× 10	× 5	× 2	× 2	× 2	× 9	× 2
1	2	2	7	8	5	2	2	6	2
× 2	× 4	× 2	× 2	× 2	× 2	× 2	× 0	× 2	× 6
2	4	2	5	0	2	2	5	6	0
× 10	× 2	× 5	× 2	× 2	× 10	× 3	× 2	× 2	× 2
3	0	4	5	4	2	5	1	4	2
× 2	× 2	× 2	× 2	× 2	× 3	× 2	× 2	× 2	× 7
7	2	2	2	3	4	2	8	4	1
× 2	× 0	× 1	× 4	× 2	× 2	× 6	× 2	× 2	× 2
2	9	8	1	6	2	2	8	2	10
× 2	× 2	× 2	× 2	× 2	× 7	× 3	× 2	× 8	× 2
3	2	5	2	2	2	2	2	3	4
× 2	× 5	× 2	× 3	× 10	× 5	× 8	× 0	× 2	× 2
2	2	2	2	10	2	2	2	10	2
× 2	× 0	× 2	× 7	× 2	× 4	× 3	× 3	× 2	× 1
2	2	5	2	2	6	2	2	2	2
× 8	× 3	× 2	× 10	× 6	× 2	× 10	× 3	× 3	× 2

Time: ____________ Score: ____________

5×2	2×7	6×2	2×2	2×10	9×2	6×2	2×1	2×3	2×7
2×3	2×10	2×0	2×10	2×7	1×2	6×2	9×2	2×8	2×0
2×3	4×2	2×6	2×2	2×8	9×2	2×5	2×0	3×2	2×1
2×1	2×10	2×2	7×2	2×1	2×2	2×10	2×0	2×0	2×9
2×8	2×3	2×10	3×2	10×2	3×2	2×5	6×2	4×2	2×7
2×5	2×5	2×1	8×2	2×2	2×1	2×6	2×0	0×2	2×10
7×2	7×2	9×2	2×8	2×1	1×2	8×2	0×2	2×1	2×3
8×2	0×2	5×2	2×5	2×7	0×2	2×7	7×2	2×2	2×5
2×3	8×2	0×2	8×2	6×2	2×3	2×6	2×3	7×2	2×6

Time: ____________ Score: ____________

8	8	4	2	6	9	2	5	2	4
× 2	× 2	× 2	× 5	× 2	× 2	× 3	× 2	× 2	× 2
9	5	2	2	2	6	2	0	2	2
× 2	× 2	× 6	× 4	× 3	× 2	× 0	× 2	× 2	× 1
2	2	9	2	3	2	0	2	2	10
× 7	× 10	× 2	× 2	× 2	× 4	× 2	× 3	× 0	× 2
2	9	2	2	4	2	2	6	2	2
× 4	× 2	× 9	× 2	× 2	× 6	× 4	× 2	× 3	× 10
7	2	2	2	4	2	10	2	4	2
× 2	× 5	× 2	× 2	× 2	× 6	× 2	× 0	× 2	× 4
2	1	2	9	2	7	2	2	8	2
× 3	× 2	× 5	× 2	× 9	× 2	× 3	× 3	× 2	× 7
2	2	6	7	2	0	2	9	9	8
× 5	× 6	× 2	× 2	× 9	× 2	× 2	× 2	× 2	× 2
2	9	2	2	8	8	2	2	8	2
× 7	× 2	× 0	× 7	× 2	× 2	× 5	× 0	× 2	× 2
2	0	5	2	2	4	4	7	5	9
× 0	× 2	× 2	× 6	× 5	× 2	× 2	× 2	× 2	× 2

Time: ______________ Score: ______________

2	9	2	7	10	2	4	2	2	0
× 7	× 2	× 2	× 2	× 2	× 8	× 2	× 7	× 4	× 2
2	2	9	2	2	2	2	2	4	4
× 8	× 0	× 2	× 2	× 2	× 0	× 2	× 4	× 2	× 2
1	2	2	2	2	10	7	2	2	9
× 2	× 6	× 1	× 6	× 1	× 2	× 2	× 2	× 4	× 2
2	2	2	2	2	2	9	2	7	6
× 3	× 8	× 6	× 5	× 7	× 0	× 2	× 0	× 2	× 2
2	2	10	2	3	8	2	2	6	2
× 2	× 2	× 2	× 10	× 2	× 2	× 6	× 6	× 2	× 5
2	2	2	2	4	2	2	10	2	10
× 7	× 2	× 6	× 3	× 2	× 8	× 1	× 2	× 3	× 2
2	2	5	2	2	2	10	2	10	1
× 5	× 6	× 2	× 6	× 10	× 2	× 2	× 4	× 2	× 2
3	7	2	2	0	4	2	3	8	2
× 2	× 2	× 3	× 4	× 2	× 2	× 2	× 2	× 2	× 2
7	10	2	1	9	2	2	9	2	2
× 2	× 2	× 7	× 2	× 2	× 6	× 9	× 2	× 7	× 6

Time: ____________ Score: ____________

0×3	9×3	2×3	4×3	8×3	9×3	3×8	3×5	3×2	3×3
8×3	8×3	7×3	5×3	3×4	3×7	6×3	3×10	0×3	3×3
10×3	3×7	3×2	8×3	3×2	9×3	3×2	4×3	2×3	3×9
3×10	3×8	7×3	4×3	2×3	2×3	3×9	3×7	3×4	3×3
3×8	6×3	3×6	4×3	8×3	3×3	3×8	3×5	10×3	8×3
7×3	3×0	3×8	3×7	3×9	8×3	3×8	9×3	3×1	6×3
3×8	3×10	3×1	9×3	5×3	1×3	3×3	3×6	3×2	3×9
2×3	3×0	3×10	3×0	3×2	3×3	3×4	2×3	3×1	3×10
6×3	7×3	3×6	3×2	9×3	5×3	6×3	3×5	6×3	3×3

Time: ____________ Score: ____________

2	3	5	7	3	2	7	4	3	3
× 3	× 2	× 3	× 3	× 10	× 3	× 3	× 3	× 10	× 7
2	3	0	3	3	4	3	3	5	3
× 3	× 10	× 3	× 0	× 1	× 3	× 4	× 3	× 3	× 3
6	3	3	2	3	3	1	3	4	3
× 3	× 0	× 8	× 3	× 10	× 2	× 3	× 5	× 3	× 4
3	3	10	8	3	9	6	3	4	4
× 4	× 0	× 3	× 3	× 10	× 3	× 3	× 10	× 3	× 3
9	3	5	4	3	3	7	9	10	3
× 3	× 3	× 3	× 3	× 6	× 4	× 3	× 3	× 3	× 4
3	10	3	3	3	6	9	3	2	3
× 6	× 3	× 9	× 6	× 3	× 3	× 3	× 3	× 3	× 3
3	3	2	3	3	3	0	3	3	3
× 6	× 5	× 3	× 0	× 3	× 2	× 3	× 4	× 4	× 2
10	3	3	3	2	0	8	3	3	3
× 3	× 8	× 0	× 7	× 3	× 3	× 3	× 6	× 3	× 9
3	3	2	3	3	3	3	3	3	3
× 2	× 5	× 3	× 3	× 1	× 0	× 8	× 1	× 5	× 6

Time: ______________ Score: ______________

0×3	1×3	10×3	3×3	0×3	3×9	2×3	3×8	2×3	3×4
3×6	3×9	3×5	3×6	3×7	1×3	3×4	7×3	5×3	3×3
7×3	4×3	3×8	3×10	3×4	8×3	3×2	3×3	6×3	9×3
3×6	6×3	3×2	3×1	0×3	3×6	3×4	3×3	3×6	9×3
0×3	4×3	2×3	3×1	3×3	2×3	3×10	3×8	8×3	6×3
3×0	3×3	4×3	7×3	3×5	3×0	3×5	3×7	6×3	5×3
10×3	2×3	3×5	3×10	1×3	3×9	10×3	3×5	6×3	3×4
3×8	3×6	10×3	0×3	5×3	0×3	10×3	9×3	7×3	3×3
3×5	3×4	2×3	8×3	3×5	3×2	7×3	9×3	5×3	3×0

Time: ____________ Score: ____________

3	3	5	3	4	8	7	5	7	3
× 3	× 7	× 3	× 2	× 3	× 3	× 3	× 3	× 3	× 2
6	1	3	3	6	3	3	3	10	3
× 3	× 3	× 6	× 3	× 3	× 2	× 3	× 1	× 3	× 8
3	1	3	3	7	8	1	3	3	3
× 5	× 3	× 2	× 9	× 3	× 3	× 3	× 4	× 2	× 2
3	7	1	9	3	3	3	3	1	3
× 7	× 3	× 3	× 3	× 5	× 2	× 4	× 6	× 3	× 9
7	3	3	4	3	10	3	1	3	3
× 3	× 3	× 2	× 3	× 7	× 3	× 2	× 3	× 1	× 3
7	6	3	3	1	7	3	3	7	3
× 3	× 3	× 3	× 3	× 3	× 3	× 1	× 1	× 3	× 2
10	3	3	5	3	7	0	3	3	5
× 3	× 2	× 3	× 3	× 6	× 3	× 3	× 4	× 5	× 3
3	7	1	4	8	5	3	0	3	3
× 10	× 3	× 3	× 3	× 3	× 3	× 1	× 3	× 9	× 5
3	3	3	0	3	3	3	7	7	9
× 0	× 2	× 7	× 3	× 1	× 3	× 1	× 3	× 3	× 3

Time: ____________ Score: ____________

0×4 4×0 4×1 9×4 8×4 4×7 9×4 5×4 4×10 4×8

1×4 9×4 4×8 4×0 1×4 0×4 4×10 1×4 4×4 8×4

4×1 4×3 4×8 4×4 4×2 4×2 6×4 4×8 2×4 4×3

3×4 4×6 4×9 5×4 3×4 8×4 4×7 8×4 4×5 8×4

4×3 7×4 6×4 0×4 4×10 4×3 4×9 4×6 4×6 4×0

4×2 4×3 7×4 10×4 7×4 1×4 8×4 7×4 6×4 10×4

10×4 4×2 10×4 4×2 4×6 4×6 2×4 8×4 4×2 4×4

4×2 9×4 8×4 1×4 4×0 4×5 7×4 6×4 4×6 7×4

0×4 4×1 1×4 6×4 8×4 4×7 5×4 4×4 9×4 2×4

Time: ______________ Score: ______________

10	3	4	4	4	4	8	5	2	4
× 4	× 4	× 2	× 3	× 0	× 4	× 4	× 4	× 4	× 8
4	4	4	4	4	5	1	2	4	3
× 3	× 1	× 9	× 1	× 5	× 4	× 4	× 4	× 9	× 4
4	4	4	9	1	4	4	4	6	4
× 7	× 8	× 2	× 4	× 4	× 7	× 5	× 4	× 4	× 10
4	3	0	7	8	4	4	5	4	4
× 4	× 4	× 4	× 4	× 4	× 8	× 6	× 4	× 10	× 6
7	3	4	4	4	6	4	6	4	2
× 4	× 4	× 4	× 4	× 3	× 4	× 5	× 4	× 5	× 4
10	10	4	4	0	6	8	4	4	4
× 4	× 4	× 7	× 4	× 4	× 4	× 4	× 9	× 5	× 3
4	4	10	4	7	5	4	4	4	4
× 0	× 9	× 4	× 4	× 4	× 4	× 8	× 4	× 1	× 9
4	4	4	4	9	4	4	4	4	4
× 8	× 10	× 5	× 7	× 4	× 4	× 8	× 8	× 3	× 3
3	4	4	10	4	4	0	4	6	2
× 4	× 4	× 5	× 4	× 3	× 10	× 4	× 9	× 4	× 4

Time: ____________ Score: ____________

8	5	4	5	4	4	4	9	4	4
× 4	× 4	× 1	× 4	× 8	× 8	× 4	× 4	× 1	× 8
3	9	4	4	7	6	4	10	10	4
× 4	× 4	× 0	× 4	× 4	× 4	× 2	× 4	× 4	× 3
4	4	6	4	6	3	2	4	4	4
× 3	× 4	× 4	× 7	× 4	× 4	× 4	× 4	× 6	× 2
4	7	2	4	4	4	7	4	10	4
× 10	× 4	× 4	× 5	× 4	× 3	× 4	× 6	× 4	× 7
3	1	4	2	4	1	7	4	4	1
× 4	× 4	× 4	× 4	× 0	× 4	× 4	× 4	× 10	× 4
4	8	4	3	9	4	0	4	5	4
× 10	× 4	× 1	× 4	× 4	× 5	× 4	× 2	× 4	× 8
4	4	2	3	4	4	4	1	4	10
× 3	× 5	× 4	× 4	× 4	× 4	× 0	× 4	× 3	× 4
5	4	4	7	10	3	4	4	1	5
× 4	× 7	× 5	× 4	× 4	× 4	× 10	× 2	× 4	× 4
2	4	9	4	0	4	6	4	4	7
× 4	× 2	× 4	× 2	× 4	× 2	× 4	× 6	× 0	× 4

Time: ______________ Score: ______________

7×4	10×4	4×2	4×4	3×4	4×7	6×4	8×4	4×7	6×4
2×4	4×4	4×4	4×1	4×1	4×7	4×9	4×8	4×5	5×4
4×4	4×3	6×4	6×4	10×4	4×4	1×4	4×4	8×4	4×10
4×2	4×8	4×2	8×4	10×4	7×4	4×3	4×7	3×4	1×4
4×9	4×5	10×4	6×4	4×6	7×4	9×4	10×4	4×3	4×8
7×4	4×4	3×4	7×4	3×4	8×4	0×4	0×4	9×4	2×4
10×4	4×1	5×4	4×0	4×4	6×4	5×4	4×3	4×7	4×2
1×4	0×4	4×8	6×4	5×4	4×5	10×4	4×6	4×0	4×1
6×4	1×4	4×10	8×4	1×4	4×0	4×6	4×9	9×4	0×4

Time: ______________ Score: ______________

5 × 0	6 × 5	3 × 5	7 × 5	3 × 5	1 × 5	5 × 5	3 × 5	5 × 4	4 × 5
0 × 5	7 × 5	4 × 5	9 × 5	5 × 6	5 × 9	3 × 5	8 × 5	6 × 5	5 × 6
6 × 5	5 × 5	5 × 3	0 × 5	5 × 2	5 × 6	9 × 5	1 × 5	5 × 3	5 × 9
5 × 5	8 × 5	5 × 10	8 × 5	5 × 1	0 × 5	9 × 5	3 × 5	10 × 5	5 × 10
2 × 5	3 × 5	5 × 5	10 × 5	5 × 6	5 × 5	9 × 5	0 × 5	5 × 6	10 × 5
5 × 0	8 × 5	5 × 4	3 × 5	4 × 5	4 × 5	9 × 5	5 × 0	4 × 5	6 × 5
4 × 5	6 × 5	5 × 2	5 × 5	5 × 10	7 × 5	0 × 5	9 × 5	2 × 5	5 × 9
4 × 5	5 × 0	5 × 2	5 × 7	3 × 5	5 × 5	5 × 8	1 × 5	5 × 5	7 × 5
5 × 7	5 × 4	7 × 5	1 × 5	2 × 5	3 × 5	5 × 5	4 × 5	5 × 10	5 × 5

Time: ______________ Score: ______________

5 × 5 | 3 × 5 | 10 × 5 | 5 × 4 | 5 × 2 | 4 × 5 | 5 × 3 | 8 × 5 | 9 × 5 | 5 × 5

5 × 8 | 5 × 5 | 5 × 1 | 5 × 8 | 5 × 5 | 6 × 5 | 3 × 5 | 5 × 0 | 5 × 0 | 1 × 5

5 × 5 | 5 × 5 | 5 × 7 | 10 × 5 | 5 × 3 | 5 × 10 | 5 × 4 | 5 × 2 | 8 × 5 | 1 × 5

0 × 5 | 5 × 1 | 5 × 10 | 5 × 5 | 6 × 5 | 5 × 0 | 5 × 6 | 8 × 5 | 5 × 5 | 5 × 2

5 × 9 | 3 × 5 | 9 × 5 | 5 × 1 | 5 × 4 | 5 × 8 | 8 × 5 | 5 × 5 | 5 × 10 | 9 × 5

5 × 0 | 5 × 5 | 6 × 5 | 5 × 5 | 8 × 5 | 6 × 5 | 5 × 4 | 1 × 5 | 7 × 5 | 5 × 10

4 × 5 | 5 × 7 | 1 × 5 | 7 × 5 | 8 × 5 | 2 × 5 | 2 × 5 | 1 × 5 | 5 × 3 | 2 × 5

5 × 5 | 7 × 5 | 5 × 1 | 2 × 5 | 5 × 5 | 7 × 5 | 6 × 5 | 7 × 5 | 5 × 2 | 5 × 7

5 × 5 | 4 × 5 | 2 × 5 | 9 × 5 | 6 × 5 | 5 × 3 | 5 × 8 | 9 × 5 | 6 × 5 | 5 × 9

Time: ____________ Score: ____________

5	9	5	5	2	3	3	5	7	5
× 7	× 5	× 2	× 7	× 5	× 5	× 5	× 7	× 5	× 6
5	5	5	9	9	2	4	5	1	9
× 9	× 0	× 0	× 5	× 5	× 5	× 5	× 0	× 5	× 5
5	5	2	5	5	5	6	4	8	8
× 10	× 0	× 5	× 1	× 6	× 0	× 5	× 5	× 5	× 5
9	7	5	0	5	6	5	8	8	3
× 5	× 5	× 9	× 5	× 5	× 5	× 5	× 5	× 5	× 5
2	5	5	3	7	4	3	6	3	7
× 5	× 8	× 4	× 5	× 5	× 5	× 5	× 5	× 5	× 5
7	0	5	9	5	5	5	5	5	5
× 5	× 5	× 6	× 5	× 5	× 2	× 0	× 3	× 5	× 0
7	5	5	5	5	5	5	5	7	5
× 5	× 3	× 1	× 0	× 2	× 7	× 4	× 3	× 5	× 0
5	5	0	5	5	2	1	7	4	4
× 5	× 4	× 5	× 7	× 7	× 5	× 5	× 5	× 5	× 5
5	5	2	9	5	5	5	5	5	5
× 7	× 6	× 5	× 5	× 5	× 4	× 4	× 8	× 5	× 5

Time: ____________ Score: ____________

9	3	10	3	5	8	8	8	5	9
× 5	× 5	× 5	× 5	× 4	× 5	× 5	× 5	× 2	× 5
5	5	9	5	1	5	3	1	9	5
× 9	× 10	× 5	× 2	× 5	× 9	× 5	× 5	× 5	× 5
5	5	7	0	5	8	5	0	10	5
× 2	× 3	× 5	× 5	× 3	× 5	× 10	× 5	× 5	× 9
5	0	5	4	10	5	5	9	5	5
× 4	× 5	× 9	× 5	× 5	× 10	× 9	× 5	× 4	× 6
5	5	5	5	5	5	3	5	10	5
× 1	× 2	× 5	× 5	× 7	× 9	× 5	× 6	× 5	× 0
5	5	2	10	3	5	3	5	5	5
× 6	× 5	× 5	× 5	× 5	× 0	× 5	× 5	× 7	× 5
5	9	5	5	5	5	7	5	2	0
× 7	× 5	× 7	× 7	× 0	× 5	× 5	× 0	× 5	× 5
3	4	5	5	5	5	5	5	5	5
× 5	× 5	× 7	× 2	× 7	× 9	× 4	× 2	× 5	× 7
3	5	7	5	7	5	0	5	5	5
× 5	× 0	× 5	× 6	× 5	× 3	× 5	× 1	× 4	× 5

Time: ____________ Score: ____________

8×6 | 8×6 | 2×6 | 6×6 | 6×5 | 6×9 | 7×6 | 6×9 | 6×6 | 1×6

6×1 | 5×6 | 3×6 | 0×6 | 0×6 | 6×0 | 6×10 | 10×6 | 6×1 | 5×6

6×4 | 5×6 | 0×6 | 7×6 | 3×6 | 3×6 | 6×1 | 6×7 | 1×6 | 6×10

7×6 | 6×9 | 6×4 | 6×5 | 7×6 | 6×7 | 6×2 | 10×6 | 4×6 | 10×6

0×6 | 0×6 | 3×6 | 6×1 | 3×6 | 10×6 | 6×0 | 10×6 | 5×6 | 6×3

6×2 | 6×9 | 6×8 | 6×6 | 4×6 | 6×5 | 10×6 | 6×0 | 6×8 | 4×6

7×6 | 6×2 | 6×1 | 6×10 | 6×8 | 2×6 | 4×6 | 6×6 | 6×5 | 5×6

2×6 | 6×7 | 6×7 | 6×9 | 6×8 | 6×6 | 4×6 | 10×6 | 2×6 | 2×6

7×6 | 6×3 | 7×6 | 6×8 | 6×6 | 6×5 | 6×7 | 0×6 | 6×1 | 6×2

Time: ______________ Score: ______________

0	10	6	6	6	6	6	10	2	6
× 6	× 6	× 8	× 0	× 6	× 10	× 10	× 6	× 6	× 6
6	2	6	6	6	6	7	6	0	6
× 9	× 6	× 6	× 0	× 6	× 9	× 6	× 1	× 6	× 5
6	9	6	6	7	1	6	7	6	4
× 2	× 6	× 3	× 2	× 6	× 6	× 9	× 6	× 6	× 6
5	6	6	6	0	6	6	10	2	6
× 6	× 2	× 8	× 1	× 6	× 7	× 8	× 6	× 6	× 1
3	6	7	6	8	1	1	6	6	0
× 6	× 8	× 6	× 0	× 6	× 6	× 6	× 7	× 6	× 6
6	3	6	4	2	6	10	6	4	1
× 1	× 6	× 1	× 6	× 6	× 3	× 6	× 8	× 6	× 6
6	6	6	6	6	6	6	10	2	6
× 1	× 6	× 8	× 0	× 7	× 1	× 0	× 6	× 6	× 6
7	6	5	9	2	6	6	6	6	6
× 6	× 0	× 6	× 6	× 6	× 10	× 6	× 1	× 7	× 6
0	6	5	1	2	6	6	6	6	6
× 6	× 7	× 6	× 6	× 6	× 6	× 8	× 6	× 5	× 10

Time: ____________ Score: ____________

6×9 0×6 6×9 8×6 9×6 0×6 7×6 10×6 1×6 6×10

6×6 10×6 4×6 6×6 10×6 3×6 3×6 6×5 6×3 5×6

6×4 6×0 0×6 6×2 6×2 3×6 6×10 0×6 6×6 6×5

6×9 6×7 1×6 6×2 6×7 6×7 6×2 6×6 6×1 6×0

0×6 6×6 0×6 6×7 2×6 10×6 5×6 6×4 3×6 1×6

10×6 6×10 8×6 6×6 6×5 6×1 6×4 9×6 0×6 6×6

6×6 6×9 4×6 0×6 6×2 6×7 6×10 6×2 6×1 9×6

3×6 5×6 0×6 6×0 6×0 2×6 3×6 0×6 6×8 2×6

8×6 3×6 1×6 6×8 6×6 6×10 6×8 4×6 6×10 6×9

Time: ____________ Score: ____________

4	3	3	6	6	2	6	6	1	6
× 6	× 6	× 6	× 7	× 10	× 6	× 5	× 6	× 6	× 8
8	9	6	1	6	0	6	6	6	9
× 6	× 6	× 6	× 6	× 5	× 6	× 9	× 6	× 9	× 6
6	6	6	6	6	6	6	8	9	3
× 8	× 4	× 7	× 1	× 8	× 3	× 7	× 6	× 6	× 6
6	9	7	8	6	6	6	3	6	6
× 4	× 6	× 6	× 6	× 4	× 2	× 6	× 6	× 6	× 1
10	6	10	6	1	4	6	6	0	5
× 6	× 9	× 6	× 3	× 6	× 6	× 8	× 0	× 6	× 6
6	6	6	7	6	10	4	6	1	9
× 5	× 10	× 6	× 6	× 2	× 6	× 6	× 3	× 6	× 6
8	6	6	6	0	6	9	1	6	6
× 6	× 4	× 2	× 6	× 6	× 0	× 6	× 6	× 2	× 7
1	4	6	6	6	6	3	9	10	6
× 6	× 6	× 3	× 6	× 4	× 9	× 6	× 6	× 6	× 8
1	8	2	6	6	6	8	6	6	3
× 6	× 6	× 6	× 1	× 6	× 1	× 6	× 9	× 4	× 6

Time: ____________ Score: ____________

2	7	1	2	0	4	7	7	7	7
× 7	× 8	× 7	× 7	× 7	× 7	× 7	× 0	× 1	× 3

1	7	7	7	5	8	9	1	7	7
× 7	× 2	× 6	× 1	× 7	× 7	× 7	× 7	× 9	× 10

7	7	7	10	9	7	7	7	7	7
× 1	× 7	× 1	× 7	× 7	× 4	× 10	× 7	× 5	× 8

0	7	7	4	7	4	7	5	5	7
× 7	× 10	× 9	× 7	× 9	× 7	× 8	× 7	× 7	× 8

7	7	7	8	7	7	7	7	10	7
× 8	× 1	× 0	× 7	× 4	× 7	× 10	× 6	× 7	× 8

7	7	1	2	7	7	9	1	0	7
× 10	× 4	× 7	× 7	× 1	× 10	× 7	× 7	× 7	× 5

7	7	5	5	8	7	7	1	7	1
× 7	× 6	× 7	× 7	× 7	× 7	× 6	× 7	× 9	× 7

7	5	6	0	7	2	9	7	4	7
× 1	× 7	× 7	× 7	× 10	× 7	× 7	× 5	× 7	× 0

7	3	10	8	5	3	7	8	10	7
× 7	× 7	× 7	× 7	× 7	× 7	× 6	× 7	× 7	× 7

Time: ____________ Score: ____________

7	7	7	3	7	8	7	7	1	7
× 1	× 3	× 4	× 7	× 7	× 7	× 7	× 0	× 7	× 7
7	5	4	6	9	2	2	4	8	7
× 5	× 7	× 7	× 7	× 7	× 7	× 7	× 7	× 7	× 5
0	7	1	4	7	7	7	7	2	7
× 7	× 1	× 7	× 7	× 10	× 5	× 10	× 3	× 7	× 10
7	7	9	7	3	2	4	7	9	2
× 8	× 8	× 7	× 10	× 7	× 7	× 7	× 7	× 7	× 7
7	8	7	7	10	7	7	7	0	7
× 3	× 7	× 4	× 6	× 7	× 8	× 7	× 7	× 7	× 9
7	10	9	0	7	2	7	5	7	2
× 0	× 7	× 7	× 7	× 4	× 7	× 4	× 7	× 1	× 7
7	7	7	7	1	7	6	8	7	8
× 4	× 7	× 7	× 7	× 7	× 6	× 7	× 7	× 9	× 7
7	1	7	7	7	10	7	7	7	10
× 3	× 7	× 0	× 6	× 1	× 7	× 8	× 3	× 7	× 7
7	7	7	7	7	7	7	9	7	7
× 2	× 5	× 8	× 3	× 7	× 7	× 9	× 7	× 6	× 7

Time: ____________ Score: ____________

7	3	8	1	3	8	7	9	7	4
× 6	× 7	× 7	× 7	× 7	× 7	× 7	× 7	× 8	× 7
7	7	3	3	7	7	7	7	7	7
× 10	× 7	× 7	× 7	× 7	× 5	× 6	× 7	× 7	× 7
7	7	7	7	7	10	0	7	7	1
× 7	× 0	× 5	× 7	× 4	× 7	× 7	× 7	× 5	× 7
6	10	7	7	7	9	10	7	0	7
× 7	× 7	× 2	× 9	× 6	× 7	× 7	× 10	× 7	× 7
9	7	7	7	10	7	7	4	7	3
× 7	× 10	× 4	× 7	× 7	× 7	× 5	× 7	× 10	× 7
7	1	0	7	7	4	10	7	7	7
× 9	× 7	× 7	× 5	× 6	× 7	× 7	× 5	× 3	× 10
7	5	7	7	7	0	0	3	5	4
× 1	× 7	× 7	× 3	× 8	× 7	× 7	× 7	× 7	× 7
2	7	2	0	7	7	7	7	7	1
× 7	× 2	× 7	× 7	× 2	× 0	× 8	× 2	× 10	× 7
7	4	7	7	7	7	7	3	7	10
× 9	× 7	× 2	× 3	× 2	× 6	× 5	× 7	× 10	× 7

Time: ______________ Score: ______________

7 × 6	7 × 7	5 × 7	1 × 7	7 × 1	4 × 7	7 × 2	7 × 8	8 × 7	7 × 9
7 × 7	7 × 4	7 × 7	1 × 7	7 × 8	7 × 7	3 × 7	7 × 3	7 × 2	9 × 7
9 × 7	0 × 7	7 × 4	4 × 7	7 × 2	7 × 5	5 × 7	7 × 1	7 × 5	3 × 7
7 × 9	6 × 7	1 × 7	7 × 3	10 × 7	7 × 3	3 × 7	10 × 7	7 × 7	4 × 7
7 × 10	7 × 1	4 × 7	7 × 7	8 × 7	2 × 7	2 × 7	7 × 7	7 × 7	1 × 7
5 × 7	7 × 9	7 × 9	0 × 7	7 × 7	7 × 4	0 × 7	4 × 7	7 × 2	7 × 8
7 × 0	7 × 1	3 × 7	6 × 7	7 × 0	7 × 6	7 × 4	7 × 6	7 × 6	7 × 8
2 × 7	3 × 7	7 × 7	5 × 7	7 × 8	3 × 7	1 × 7	6 × 7	9 × 7	10 × 7
5 × 7	6 × 7	7 × 1	7 × 0	5 × 7	7 × 8	7 × 7	7 × 6	2 × 7	6 × 7

Time: ____________ Score: ____________

8×8	9×8	1×8	8×5	8×4	8×4	1×8	7×8	0×8	8×4
10×8	8×3	5×8	8×1	8×9	8×5	8×1	8×8	2×8	8×2
8×6	1×8	8×8	8×1	8×5	5×8	10×8	8×3	8×5	8×6
8×9	6×8	8×8	1×8	3×8	8×8	8×0	8×9	0×8	10×8
3×8	9×8	10×8	5×8	8×8	9×8	8×7	8×1	6×8	8×1
7×8	5×8	8×9	8×9	7×8	8×0	8×8	8×4	8×0	7×8
3×8	8×9	8×0	8×9	8×1	8×6	8×0	8×3	8×2	8×8
10×8	8×8	6×8	8×10	8×7	7×8	8×1	2×8	8×4	2×8
8×10	8×6	8×2	4×8	8×3	7×8	1×8	8×2	8×0	10×8

Time: ____________ Score: ____________

7	9	8	8	8	2	8	5	0	10
× 8	× 8	× 9	× 4	× 0	× 8	× 1	× 8	× 8	× 8
8	2	8	8	4	3	8	5	8	4
× 9	× 8	× 0	× 6	× 8	× 8	× 8	× 8	× 3	× 8
0	8	8	8	3	8	8	8	9	5
× 8	× 9	× 2	× 2	× 8	× 0	× 10	× 4	× 8	× 8
8	8	4	8	8	3	8	8	8	8
× 9	× 10	× 8	× 10	× 4	× 8	× 8	× 10	× 9	× 5
3	8	8	8	8	8	9	8	1	8
× 8	× 9	× 8	× 4	× 1	× 8	× 8	× 3	× 8	× 8
8	8	10	9	1	8	10	8	8	4
× 3	× 3	× 8	× 8	× 8	× 0	× 8	× 10	× 6	× 8
2	8	3	8	8	8	8	1	9	8
× 8	× 6	× 8	× 3	× 10	× 1	× 8	× 8	× 8	× 7
8	8	1	9	2	8	8	3	8	0
× 6	× 9	× 8	× 8	× 8	× 2	× 8	× 8	× 5	× 8
9	2	8	8	8	8	8	2	9	5
× 8	× 8	× 0	× 6	× 8	× 7	× 7	× 8	× 8	× 8

Time: ____________ Score: ____________

8 × 3	8 × 4	0 × 8	8 × 4	4 × 8	8 × 8	1 × 8	8 × 0	7 × 8	9 × 8
7 × 8	4 × 8	6 × 8	8 × 5	8 × 8	8 × 6	1 × 8	4 × 8	8 × 8	8 × 10
8 × 10	8 × 8	5 × 8	8 × 9	8 × 8	8 × 9	8 × 5	8 × 10	0 × 8	8 × 1
8 × 4	10 × 8	9 × 8	0 × 8	7 × 8	2 × 8	4 × 8	8 × 4	7 × 8	8 × 0
8 × 2	0 × 8	8 × 0	8 × 2	4 × 8	8 × 0	6 × 8	8 × 7	8 × 5	8 × 8
1 × 8	0 × 8	0 × 8	2 × 8	8 × 6	3 × 8	8 × 4	8 × 10	8 × 4	7 × 8
8 × 2	8 × 0	1 × 8	10 × 8	8 × 8	8 × 8	10 × 8	7 × 8	9 × 8	6 × 8
5 × 8	8 × 8	8 × 4	8 × 3	6 × 8	8 × 5	8 × 0	8 × 2	4 × 8	8 × 10
8 × 0	8 × 2	4 × 8	7 × 8	3 × 8	8 × 2	5 × 8	0 × 8	8 × 6	3 × 8

Time: ______________ Score: ______________

1×8 8×4 7×8 6×8 10×8 8×8 8×7 6×8 8×8 0×8

8×10 6×8 8×2 8×8 1×8 5×8 4×8 8×4 8×10 8×9

8×2 8×2 8×8 4×8 8×0 9×8 7×8 9×8 8×2 8×2

5×8 2×8 8×6 8×3 0×8 8×2 8×3 8×2 8×4 7×8

8×6 8×9 8×5 8×6 8×1 3×8 3×8 8×6 8×2 8×2

8×0 8×4 8×3 0×8 8×1 8×5 8×8 8×3 1×8 10×8

8×10 6×8 8×7 4×8 9×8 1×8 7×8 8×8 8×5 10×8

2×8 3×8 8×8 8×8 8×8 8×5 0×8 8×2 8×8 10×8

4×8 8×1 8×8 8×8 8×2 4×8 8×9 8×5 2×8 1×8

Time: ____________ Score: ____________

10×9 9×10 9×9 9×5 8×9 9×3 5×9 9×3 5×9 9×2

9×3 9×8 8×9 9×9 7×9 2×9 9×5 4×9 9×6 9×8

0×9 8×9 4×9 10×9 9×5 9×3 7×9 7×9 9×3 9×8

5×9 6×9 10×9 10×9 4×9 9×4 6×9 9×4 9×1 9×0

9×3 9×8 1×9 8×9 9×0 7×9 4×9 9×3 9×10 9×6

9×8 9×1 9×1 2×9 9×0 5×9 2×9 2×9 4×9 9×0

9×3 9×9 9×4 9×6 9×9 0×9 9×0 0×9 9×0 0×9

6×9 2×9 9×0 1×9 9×9 7×9 9×2 9×4 9×6 9×5

7×9 0×9 3×9 9×3 1×9 9×10 9×3 9×9 0×9 9×10

Time: ____________ Score: ____________

2	7	9	9	9	9	9	9	9	2
× 9	× 9	× 8	× 4	× 2	× 6	× 8	× 1	× 7	× 9
6	1	8	9	9	9	9	8	9	9
× 9	× 9	× 9	× 4	× 5	× 7	× 9	× 9	× 6	× 6
9	0	5	9	3	9	9	9	9	9
× 3	× 9	× 9	× 2	× 9	× 3	× 8	× 10	× 5	× 1
9	9	3	3	8	2	1	9	10	9
× 7	× 10	× 9	× 9	× 9	× 9	× 9	× 6	× 9	× 2
9	9	9	9	9	9	3	6	9	9
× 7	× 2	× 9	× 1	× 6	× 7	× 9	× 9	× 2	× 5
0	9	5	0	2	9	9	6	9	9
× 9	× 0	× 9	× 9	× 9	× 4	× 0	× 9	× 5	× 2
9	9	9	9	8	9	9	4	9	9
× 2	× 3	× 8	× 7	× 9	× 9	× 7	× 9	× 3	× 7
9	5	9	3	5	4	8	9	9	9
× 3	× 9	× 7	× 9	× 9	× 9	× 9	× 2	× 6	× 4
0	9	9	9	2	9	9	7	5	5
× 9	× 3	× 2	× 6	× 9	× 10	× 4	× 9	× 9	× 9

Time: ____________ Score: ____________

9 × 9	0 × 9	3 × 9	9 × 6	7 × 9	9 × 1	10 × 9	5 × 9	9 × 3	9 × 3
10 × 9	9 × 2	0 × 9	9 × 2	0 × 9	0 × 9	9 × 4	1 × 9	9 × 9	4 × 9
3 × 9	4 × 9	3 × 9	0 × 9	9 × 7	9 × 5	2 × 9	9 × 9	1 × 9	9 × 10
9 × 8	1 × 9	10 × 9	9 × 0	9 × 9	9 × 9	9 × 7	9 × 1	9 × 2	10 × 9
9 × 7	9 × 1	9 × 9	9 × 8	9 × 9	9 × 6	8 × 9	0 × 9	9 × 7	8 × 9
9 × 9	9 × 0	7 × 9	9 × 4	9 × 6	9 × 5	10 × 9	1 × 9	8 × 9	9 × 8
8 × 9	1 × 9	9 × 2	9 × 9	9 × 8	9 × 7	9 × 9	3 × 9	9 × 9	10 × 9
9 × 10	3 × 9	0 × 9	9 × 5	9 × 7	9 × 7	9 × 4	2 × 9	1 × 9	4 × 9
0 × 9	9 × 4	4 × 9	3 × 9	9 × 9	9 × 4	9 × 10	9 × 6	9 × 3	1 × 9

Time: ______________ Score: ______________

9	9	6	9	9	9	5	10	0	9
× 3	× 2	× 9	× 1	× 2	× 9	× 9	× 9	× 9	× 5
5	9	4	9	1	1	9	9	9	9
× 9	× 8	× 9	× 8	× 9	× 9	× 7	× 0	× 2	× 9
9	9	9	9	9	9	2	2	4	9
× 4	× 9	× 6	× 8	× 6	× 1	× 9	× 9	× 9	× 4
9	6	0	1	9	10	9	9	9	9
× 1	× 9	× 9	× 9	× 9	× 9	× 0	× 9	× 6	× 2
1	6	1	9	6	9	9	9	5	2
× 9	× 9	× 9	× 3	× 9	× 3	× 8	× 1	× 9	× 9
9	10	9	3	9	10	9	9	6	9
× 3	× 9	× 3	× 9	× 3	× 9	× 3	× 3	× 9	× 6
1	9	9	8	2	3	9	9	9	6
× 9	× 10	× 4	× 9	× 9	× 9	× 0	× 8	× 4	× 9
1	4	9	10	9	9	9	9	0	9
× 9	× 9	× 0	× 9	× 5	× 4	× 10	× 9	× 9	× 6
9	0	0	10	9	9	9	9	9	9
× 0	× 9	× 9	× 9	× 3	× 6	× 9	× 1	× 7	× 5

Time: ______________ Score: ______________

10×10 10×1 9×10 10×1 2×10 10×4 10×6 10×8 10×10 9×10

10×10 2×10 6×10 4×10 9×10 9×10 4×10 10×6 10×2 10×4

9×10 10×3 10×1 10×5 10×6 0×10 7×10 10×10 10×9 9×10

6×10 10×1 10×1 4×10 9×10 10×7 8×10 10×1 10×6 7×10

10×8 5×10 0×10 3×10 10×7 8×10 10×4 10×4 8×10 5×10

10×1 6×10 10×6 3×10 10×9 10×5 10×0 10×3 10×9 7×10

10×1 5×10 0×10 9×10 10×1 4×10 10×8 8×10 10×6 7×10

0×10 0×10 10×10 7×10 10×10 10×10 4×10 10×4 10×8 10×0

2×10 10×1 4×10 8×10 10×0 4×10 2×10 10×2 10×6 0×10

Time: ______________ Score: ______________

1	4	9	10	10	0	10	10	4	4
× 10	× 10	× 10	× 0	× 2	× 10	× 3	× 3	× 10	× 10
10	1	10	8	10	10	10	8	10	10
× 6	× 10	× 9	× 10	× 10	× 5	× 5	× 10	× 6	× 4
10	10	7	9	10	9	5	9	10	9
× 5	× 10	× 10	× 10	× 4	× 10	× 10	× 10	× 4	× 10
10	1	10	10	7	10	10	10	10	10
× 10	× 10	× 0	× 1	× 10	× 8	× 0	× 1	× 10	× 7
10	2	10	10	10	10	0	1	10	10
× 0	× 10	× 4	× 10	× 0	× 9	× 10	× 10	× 7	× 5
10	1	10	10	4	3	2	9	1	1
× 4	× 10	× 5	× 9	× 10	× 10	× 10	× 10	× 10	× 10
6	10	4	10	10	9	10	3	10	10
× 10	× 4	× 10	× 3	× 4	× 10	× 10	× 10	× 1	× 3
4	10	10	10	10	10	2	10	10	2
× 10	× 10	× 2	× 8	× 5	× 9	× 10	× 8	× 5	× 10
1	2	8	10	10	10	10	8	2	10
× 10	× 10	× 10	× 6	× 9	× 10	× 3	× 10	× 10	× 5

Time: ______________ Score: ______________

1×10	10×1	10×4	5×10	10×8	10×4	10×2	10×10	10×6	10×8
0×10	6×10	6×10	10×9	2×10	10×4	10×9	10×2	10×10	10×10
1×10	10×3	2×10	1×10	10×9	10×1	2×10	10×2	10×4	2×10
1×10	9×10	1×10	10×4	3×10	10×7	10×4	4×10	10×3	10×10
10×9	6×10	10×7	10×10	10×8	9×10	10×8	3×10	10×3	10×9
7×10	9×10	10×8	10×9	10×5	6×10	10×7	9×10	9×10	5×10
10×6	10×6	10×1	8×10	10×5	10×10	10×6	10×6	5×10	10×0
10×8	0×10	4×10	10×5	3×10	10×9	9×10	4×10	10×10	10×1
2×10	10×6	1×10	10×10	4×10	3×10	10×0	3×10	10×8	10×3

Time: ______________ Score: ______________

10	10	5	4	0	10	3	9	10	10
× 8	× 3	× 10	× 10	× 10	× 4	× 10	× 10	× 1	× 1
5	10	10	10	10	10	10	6	10	10
× 10	× 4	× 2	× 0	× 10	× 4	× 7	× 10	× 2	× 10
4	10	6	10	10	10	9	10	8	10
× 10	× 9	× 10	× 6	× 4	× 6	× 10	× 8	× 10	× 4
10	5	10	10	3	10	10	10	10	10
× 2	× 10	× 10	× 8	× 10	× 6	× 10	× 6	× 9	× 0
10	1	10	0	10	1	0	2	8	5
× 4	× 10	× 10	× 10	× 2	× 10	× 10	× 10	× 10	× 10
8	10	10	10	10	10	10	10	10	0
× 10	× 0	× 4	× 1	× 10	× 6	× 5	× 10	× 3	× 10
6	10	10	10	9	10	10	5	5	5
× 10	× 3	× 9	× 3	× 10	× 10	× 7	× 10	× 10	× 10
10	9	10	10	4	10	10	10	5	3
× 9	× 10	× 9	× 6	× 10	× 1	× 5	× 10	× 10	× 10
10	10	10	10	9	10	10	5	3	3
× 7	× 4	× 1	× 3	× 10	× 1	× 10	× 10	× 10	× 10

Part 2: Practice Mixed Multiplication Facts up to Five

Time: ______________ Score: ______________

2	0	5	0	5	4	4	1	0	1
× 0	× 5	× 0	× 2	× 1	× 5	× 4	× 1	× 0	× 0
4	4	10	2	4	8	5	3	3	8
× 2	× 7	× 2	× 10	× 8	× 2	× 8	× 4	× 8	× 4
4	0	1	2	0	5	10	1	2	2
× 2	× 9	× 4	× 3	× 1	× 1	× 3	× 2	× 5	× 4
1	2	3	0	4	2	1	1	10	3
× 2	× 9	× 3	× 2	× 3	× 1	× 10	× 2	× 5	× 6
4	4	7	1	1	5	4	8	3	8
× 3	× 5	× 4	× 1	× 1	× 6	× 3	× 1	× 3	× 0
4	9	9	5	4	4	7	5	5	1
× 3	× 0	× 3	× 6	× 4	× 9	× 2	× 5	× 10	× 2
1	5	4	7	2	4	4	1	7	5
× 8	× 5	× 3	× 0	× 0	× 4	× 5	× 1	× 2	× 4
4	5	2	4	5	1	8	8	1	1
× 9	× 0	× 4	× 10	× 10	× 2	× 3	× 5	× 2	× 10
4	5	5	5	1	5	5	0	3	0
× 3	× 5	× 5	× 1	× 1	× 2	× 8	× 10	× 2	× 0

Time: ____________ Score: ____________

4 × 1	5 × 10	3 × 10	5 × 7	1 × 8	2 × 5	5 × 5	4 × 0	5 × 5	0 × 5
0 × 3	4 × 2	4 × 0	3 × 0	0 × 4	6 × 2	1 × 4	6 × 1	5 × 4	9 × 2
6 × 3	2 × 4	2 × 4	1 × 0	5 × 2	3 × 2	2 × 2	5 × 9	10 × 1	4 × 8
4 × 2	3 × 5	7 × 2	5 × 9	2 × 9	6 × 0	5 × 9	8 × 2	1 × 0	4 × 6
1 × 1	0 × 3	5 × 8	3 × 2	7 × 5	8 × 1	1 × 8	10 × 5	4 × 8	3 × 2
2 × 3	4 × 1	3 × 7	4 × 1	9 × 1	9 × 1	3 × 3	1 × 2	5 × 4	9 × 4
10 × 2	3 × 1	4 × 6	4 × 7	2 × 3	10 × 0	6 × 5	0 × 4	3 × 7	0 × 5
3 × 0	8 × 0	7 × 0	5 × 10	2 × 4	10 × 5	2 × 6	5 × 1	1 × 6	0 × 4
3 × 10	10 × 1	7 × 2	3 × 10	4 × 5	1 × 1	3 × 9	4 × 1	3 × 7	4 × 4

Time: ____________ Score: ____________

4×2 7×2 0×5 0×3 1×3 3×3 9×0 3×2 6×3 2×4

8×0 0×0 0×3 2×7 1×0 5×7 0×0 7×0 5×4 0×3

3×6 9×0 1×4 3×5 2×0 2×8 0×8 0×1 2×3 6×5

5×7 2×9 3×0 4×1 4×3 3×0 8×3 2×8 1×2 5×7

8×4 5×2 10×5 1×5 7×4 7×2 1×1 2×2 1×1 9×2

5×2 7×0 5×2 3×3 5×1 5×3 2×3 5×4 5×4 3×10

2×3 0×0 10×0 4×4 3×9 9×5 0×4 5×2 4×2 4×8

5×4 6×0 5×6 3×5 4×5 2×1 5×0 0×2 3×5 0×8

3×5 2×6 5×3 7×1 5×4 2×6 1×7 6×0 1×1 2×2

Time: ____________ Score: ____________

3	4	4	9	4	0	4	0	5	5
× 4	× 0	× 5	× 1	× 9	× 8	× 6	× 1	× 8	× 3
5	2	2	2	8	1	4	0	4	5
× 3	× 4	× 3	× 3	× 0	× 2	× 4	× 0	× 2	× 2
4	0	10	5	2	6	0	6	3	1
× 0	× 2	× 3	× 4	× 3	× 5	× 6	× 5	× 1	× 5
5	3	3	5	6	3	7	2	1	3
× 5	× 3	× 2	× 1	× 3	× 1	× 0	× 5	× 0	× 4
4	5	8	4	4	1	2	8	0	9
× 1	× 10	× 0	× 1	× 4	× 4	× 8	× 2	× 1	× 0
2	3	7	1	10	3	2	1	10	5
× 1	× 1	× 5	× 2	× 1	× 0	× 9	× 2	× 0	× 9
5	3	3	5	5	4	2	2	0	6
× 3	× 1	× 4	× 3	× 2	× 0	× 0	× 3	× 0	× 5
4	5	8	0	8	10	0	0	4	0
× 7	× 7	× 1	× 3	× 3	× 0	× 3	× 10	× 5	× 4
5	3	1	1	8	4	6	0	1	10
× 0	× 0	× 2	× 1	× 5	× 6	× 4	× 3	× 3	× 3

Time: ______________ Score: ______________

5	2	0	5	3	1	4	3	6	0
× 8	× 7	× 5	× 7	× 0	× 10	× 4	× 9	× 2	× 2

6	0	2	5	1	1	3	0	3	5
× 3	× 0	× 1	× 3	× 10	× 10	× 3	× 3	× 2	× 5

2	9	2	6	2	9	2	10	2	2
× 4	× 4	× 2	× 3	× 4	× 2	× 10	× 3	× 2	× 6

1	8	4	5	1	5	0	7	2	10
× 6	× 0	× 3	× 1	× 3	× 3	× 9	× 1	× 3	× 4

2	3	5	0	4	5	3	4	0	4
× 5	× 3	× 7	× 4	× 2	× 10	× 8	× 4	× 0	× 0

5	5	8	0	4	6	5	2	4	5
× 8	× 0	× 3	× 0	× 0	× 3	× 0	× 6	× 7	× 6

2	9	4	10	3	2	4	2	9	1
× 7	× 1	× 7	× 4	× 4	× 2	× 0	× 0	× 5	× 5

0	1	4	0	6	2	1	3	2	5
× 0	× 2	× 5	× 7	× 1	× 3	× 1	× 5	× 2	× 2

0	1	1	4	9	3	6	1	3	1
× 3	× 3	× 5	× 0	× 5	× 2	× 5	× 4	× 10	× 2

Time: ____________ Score: ____________

3	1	6	1	2	1	3	3	10	5
× 8	× 3	× 4	× 3	× 2	× 1	× 4	× 1	× 4	× 1

2	3	0	5	10	5	1	4	3	0
× 5	× 4	× 6	× 1	× 5	× 3	× 4	× 7	× 0	× 3

4	1	8	4	3	1	4	5	4	0
× 4	× 3	× 5	× 10	× 10	× 0	× 9	× 5	× 9	× 3

4	1	3	5	8	0	4	4	7	7
× 0	× 8	× 4	× 9	× 1	× 1	× 3	× 7	× 5	× 2

1	6	0	5	7	4	1	7	4	10
× 7	× 5	× 4	× 6	× 0	× 4	× 2	× 1	× 4	× 4

2	4	4	1	2	4	5	3	6	4
× 10	× 2	× 3	× 6	× 9	× 2	× 3	× 4	× 0	× 6

3	4	3	3	0	0	0	7	9	3
× 3	× 3	× 10	× 9	× 0	× 3	× 9	× 4	× 3	× 3

0	4	5	0	4	2	9	8	10	4
× 8	× 0	× 9	× 6	× 3	× 1	× 2	× 0	× 2	× 1

3	1	0	3	3	3	9	3	2	1
× 5	× 2	× 1	× 0	× 7	× 1	× 5	× 6	× 5	× 9

Time: ____________ Score: ____________

2	3	3	1	7	8	7	6	0	0
× 4	× 0	× 7	× 2	× 4	× 5	× 1	× 5	× 5	× 0
4	3	5	3	2	1	10	1	5	9
× 5	× 2	× 4	× 5	× 0	× 1	× 0	× 3	× 0	× 2
4	5	5	5	5	2	5	1	5	6
× 2	× 4	× 8	× 3	× 6	× 5	× 4	× 10	× 3	× 3
2	4	10	3	4	2	3	5	3	10
× 1	× 9	× 5	× 3	× 10	× 3	× 3	× 7	× 4	× 1
0	1	0	1	0	3	2	9	1	1
× 6	× 1	× 2	× 1	× 4	× 2	× 2	× 4	× 0	× 1
5	6	2	4	5	7	1	2	0	3
× 0	× 3	× 3	× 1	× 1	× 1	× 1	× 4	× 1	× 3
0	5	3	9	5	1	2	3	0	3
× 4	× 8	× 5	× 5	× 2	× 3	× 4	× 5	× 5	× 4
1	4	5	4	3	1	1	9	5	5
× 4	× 3	× 5	× 5	× 4	× 5	× 4	× 1	× 3	× 9
2	9	1	10	4	2	9	2	2	5
× 6	× 1	× 0	× 3	× 0	× 3	× 4	× 10	× 4	× 1

Time: ______________ Score: ______________

4×2 5×4 5×8 10×0 3×1 4×5 5×1 0×3 2×7 3×7

10×3 9×3 10×0 7×5 10×3 3×0 1×4 0×3 10×3 3×10

5×0 5×8 7×3 0×3 4×2 4×6 5×1 4×1 4×9 9×0

1×3 3×5 2×1 4×9 7×3 3×10 1×2 1×10 6×2 3×10

2×1 0×0 3×10 1×2 1×5 0×5 4×7 0×6 4×1 3×1

0×7 0×10 3×9 0×1 2×4 0×4 1×9 2×5 2×0 6×4

10×5 0×3 1×0 3×1 6×3 2×9 4×1 9×0 0×1 10×1

10×4 4×2 4×5 4×3 0×5 1×2 3×5 4×3 1×4 4×7

5×5 0×2 2×9 2×0 2×2 0×1 1×2 7×0 5×7 5×9

Time: ____________ Score: ____________

0	2	3	7	9	7	8	4	8	0
× 4	× 0	× 9	× 4	× 3	× 5	× 0	× 9	× 1	× 0
3	0	3	5	2	2	2	3	8	7
× 0	× 2	× 4	× 0	× 3	× 0	× 2	× 3	× 1	× 2
5	5	5	4	2	8	8	4	6	8
× 3	× 4	× 5	× 8	× 7	× 2	× 3	× 4	× 5	× 5
1	5	6	5	1	5	7	4	5	5
× 3	× 3	× 1	× 1	× 3	× 10	× 5	× 7	× 7	× 8
10	5	2	4	3	6	4	4	8	8
× 5	× 0	× 2	× 3	× 2	× 1	× 1	× 4	× 4	× 0
0	3	2	0	1	3	3	3	0	1
× 5	× 7	× 6	× 10	× 2	× 6	× 8	× 4	× 4	× 8
10	6	3	2	8	1	8	0	9	3
× 5	× 1	× 1	× 4	× 5	× 6	× 1	× 1	× 1	× 2
5	1	9	7	8	5	3	4	0	10
× 3	× 5	× 1	× 4	× 0	× 1	× 1	× 2	× 4	× 5
4	0	5	7	1	6	1	2	4	8
× 0	× 6	× 7	× 4	× 6	× 5	× 6	× 7	× 3	× 1

Time: ____________ Score: ____________

6	3	5	5	3	2	3	4	9	2
× 4	× 1	× 0	× 7	× 10	× 0	× 0	× 8	× 1	× 1
2	5	3	3	8	2	1	5	0	5
× 0	× 3	× 4	× 9	× 2	× 0	× 9	× 5	× 5	× 3
4	4	3	2	4	5	1	0	2	1
× 4	× 4	× 1	× 1	× 2	× 4	× 3	× 1	× 9	× 10
5	5	5	2	0	10	8	5	0	3
× 8	× 0	× 5	× 4	× 4	× 0	× 2	× 6	× 2	× 9
6	5	10	1	1	6	6	1	2	0
× 5	× 4	× 3	× 1	× 4	× 4	× 5	× 5	× 4	× 1
1	1	5	8	4	5	7	0	4	6
× 10	× 8	× 2	× 2	× 7	× 4	× 2	× 8	× 2	× 0
5	2	10	7	8	1	9	0	2	8
× 1	× 8	× 0	× 5	× 4	× 0	× 5	× 3	× 1	× 4
3	1	3	2	0	9	5	5	1	5
× 0	× 0	× 5	× 4	× 0	× 1	× 10	× 4	× 5	× 9
5	5	5	1	1	8	0	3	6	3
× 3	× 1	× 1	× 8	× 2	× 1	× 5	× 1	× 1	× 1

Time: ____________ Score: ____________

3×7 | 6×1 | 4×5 | 8×4 | 3×6 | 7×4 | 6×5 | 2×10 | 4×2 | 3×0

1×7 | 5×4 | 1×5 | 9×2 | 1×3 | 3×7 | 10×4 | 0×2 | 1×4 | 7×5

2×2 | 2×1 | 3×8 | 4×9 | 0×3 | 1×1 | 3×1 | 1×3 | 5×10 | 7×3

3×7 | 5×10 | 0×3 | 4×5 | 4×3 | 3×6 | 3×3 | 0×6 | 4×0 | 1×6

10×3 | 3×2 | 0×1 | 3×1 | 5×3 | 0×4 | 2×2 | 0×9 | 2×8 | 3×10

2×5 | 5×3 | 0×0 | 3×4 | 3×1 | 4×2 | 1×5 | 5×3 | 1×9 | 0×10

1×0 | 1×10 | 7×4 | 0×6 | 5×3 | 9×2 | 4×5 | 4×6 | 5×4 | 9×3

9×0 | 4×10 | 5×6 | 3×1 | 5×2 | 0×0 | 0×2 | 5×3 | 1×5 | 3×5

2×5 | 8×5 | 8×3 | 0×0 | 9×4 | 5×6 | 10×0 | 1×7 | 0×5 | 9×3

Time: ____________ Score: ____________

0	0	0	7	8	1	4	5	0	3
× 5	× 8	× 6	× 0	× 5	× 4	× 5	× 10	× 1	× 7
4	5	1	4	3	1	9	7	0	1
× 4	× 1	× 5	× 0	× 0	× 6	× 1	× 0	× 2	× 2
1	0	1	9	0	0	2	3	4	3
× 5	× 0	× 5	× 4	× 4	× 9	× 5	× 10	× 4	× 1
5	5	4	2	0	5	2	2	2	3
× 4	× 9	× 2	× 3	× 3	× 9	× 5	× 0	× 1	× 3
6	6	0	3	1	5	2	3	1	0
× 3	× 0	× 0	× 7	× 5	× 1	× 3	× 2	× 2	× 6
0	4	5	8	2	3	2	1	9	1
× 5	× 5	× 5	× 0	× 6	× 9	× 2	× 1	× 3	× 2
0	8	0	8	5	5	5	6	4	6
× 8	× 3	× 10	× 0	× 5	× 3	× 8	× 2	× 1	× 5
5	1	5	1	2	10	3	4	1	10
× 4	× 4	× 7	× 6	× 4	× 2	× 2	× 1	× 0	× 3
4	4	1	2	4	5	6	3	4	7
× 7	× 9	× 2	× 2	× 4	× 10	× 3	× 4	× 9	× 5

Time: ____________ Score: ____________

1 × 7   9 × 1   7 × 2   1 × 6   4 × 3   4 × 3   0 × 6   5 × 0   0 × 0   5 × 10

2 × 3   6 × 0   5 × 1   8 × 5   0 × 2   8 × 0   6 × 0   3 × 1   4 × 4   4 × 10

3 × 9   9 × 5   5 × 0   3 × 8   0 × 5   4 × 8   3 × 5   6 × 4   4 × 0   4 × 5

4 × 4   3 × 7   5 × 3   4 × 7   3 × 0   5 × 4   5 × 2   3 × 0   2 × 3   2 × 0

7 × 5   2 × 0   0 × 0   2 × 4   4 × 0   3 × 2   0 × 0   6 × 2   3 × 0   0 × 4

2 × 5   3 × 7   4 × 5   7 × 4   6 × 0   4 × 9   5 × 1   5 × 2   0 × 8   2 × 1

9 × 5   5 × 6   3 × 3   4 × 4   3 × 8   10 × 1   3 × 9   5 × 5   9 × 5   0 × 1

9 × 1   0 × 10   5 × 9   6 × 1   0 × 3   0 × 9   0 × 3   10 × 5   5 × 0   10 × 5

4 × 1   7 × 5   5 × 4   6 × 5   0 × 9   7 × 2   6 × 2   3 × 1   2 × 5   5 × 4

Time: ____________ Score: ____________

9	10	10	1	5	5	3	1	4	5
× 0	× 3	× 3	× 3	× 2	× 9	× 5	× 3	× 5	× 3
1	9	7	3	7	1	0	2	7	1
× 7	× 4	× 2	× 0	× 5	× 5	× 5	× 6	× 2	× 3
9	4	0	2	2	7	7	0	1	3
× 0	× 1	× 5	× 0	× 0	× 3	× 3	× 4	× 1	× 1
5	1	6	1	3	3	1	2	3	0
× 8	× 9	× 1	× 5	× 7	× 4	× 3	× 0	× 3	× 7
2	5	1	7	5	3	3	6	7	10
× 0	× 1	× 1	× 2	× 4	× 6	× 5	× 0	× 0	× 5
3	2	2	8	0	2	10	0	3	1
× 7	× 2	× 5	× 3	× 2	× 7	× 4	× 10	× 5	× 4
10	5	5	5	0	3	5	5	0	2
× 5	× 1	× 3	× 1	× 9	× 4	× 4	× 4	× 0	× 2
7	2	0	1	5	3	5	6	2	0
× 4	× 0	× 10	× 2	× 4	× 2	× 5	× 4	× 7	× 4
6	5	2	3	0	6	6	5	0	4
× 5	× 7	× 5	× 9	× 3	× 4	× 3	× 4	× 4	× 1

Time: ____________ Score: ____________

4×0 7×4 0×0 3×5 1×10 1×7 3×6 1×4 6×5 3×3

1×9 6×1 3×0 1×1 9×4 3×1 7×5 10×5 3×7 2×3

5×4 4×4 1×0 6×4 0×8 1×6 1×1 7×4 7×3 4×5

1×4 9×3 6×5 7×0 3×4 2×1 2×4 5×1 8×2 0×6

1×1 5×4 0×0 4×0 0×0 1×7 1×6 6×0 3×5 1×7

0×10 6×1 0×7 0×3 2×7 0×9 4×2 0×4 1×6 3×5

9×1 6×5 5×8 0×8 3×7 0×10 2×10 5×10 3×4 5×0

3×4 5×2 2×3 7×2 0×1 7×1 2×0 8×5 3×0 0×3

0×9 0×5 1×2 2×3 2×2 2×0 0×2 3×10 3×0 1×0

Time: ______________ Score: ______________

10	7	3	5	1	3	5	3	9	3
× 3	× 2	× 4	× 6	× 10	× 6	× 0	× 2	× 4	× 8
1	2	0	0	10	2	9	3	0	0
× 6	× 0	× 4	× 4	× 1	× 0	× 5	× 10	× 5	× 0
2	0	8	4	3	10	0	2	4	5
× 4	× 5	× 0	× 8	× 3	× 4	× 6	× 4	× 4	× 4
4	1	2	1	0	0	1	5	6	8
× 3	× 10	× 7	× 1	× 5	× 7	× 8	× 6	× 0	× 2
4	3	0	8	1	3	8	2	3	1
× 0	× 4	× 9	× 4	× 4	× 0	× 0	× 4	× 8	× 8
1	4	8	1	6	5	1	10	10	0
× 4	× 9	× 3	× 1	× 4	× 3	× 1	× 5	× 3	× 0
4	5	0	8	2	4	1	2	3	5
× 4	× 0	× 3	× 2	× 10	× 10	× 2	× 9	× 2	× 7
8	0	6	10	9	6	7	2	1	9
× 4	× 1	× 4	× 0	× 3	× 1	× 0	× 7	× 3	× 2
9	4	3	0	8	8	6	4	9	1
× 2	× 9	× 10	× 5	× 4	× 1	× 1	× 4	× 0	× 4

Time: ______________ Score: ______________

5	0	2	2	7	4	3	7	6	3
× 2	× 4	× 5	× 10	× 1	× 0	× 0	× 1	× 1	× 5
3	1	0	1	7	5	9	4	4	1
× 8	× 7	× 9	× 1	× 1	× 1	× 4	× 5	× 7	× 4
4	3	3	2	2	2	0	0	2	10
× 0	× 5	× 4	× 2	× 8	× 9	× 8	× 0	× 0	× 2
3	0	3	0	4	1	0	5	1	5
× 7	× 3	× 10	× 5	× 0	× 7	× 1	× 0	× 5	× 3
4	3	3	6	6	10	1	2	6	6
× 7	× 0	× 5	× 3	× 1	× 5	× 4	× 3	× 3	× 5
3	10	4	4	3	4	5	6	5	10
× 2	× 3	× 5	× 4	× 3	× 6	× 3	× 3	× 8	× 4
1	3	3	4	7	0	7	3	3	5
× 1	× 2	× 3	× 5	× 4	× 3	× 0	× 3	× 4	× 8
2	2	8	0	1	2	10	5	3	6
× 3	× 7	× 4	× 1	× 1	× 8	× 2	× 5	× 1	× 5
1	5	10	1	3	5	2	4	1	5
× 8	× 2	× 2	× 6	× 4	× 1	× 4	× 3	× 4	× 1

Time: ______________ Score: ______________

0	3	5	1	5	0	4	6	5	1
× 8	× 2	× 0	× 0	× 10	× 7	× 2	× 2	× 5	× 0
0	3	7	8	4	7	8	0	1	2
× 4	× 3	× 2	× 3	× 6	× 5	× 3	× 4	× 0	× 0
4	4	2	8	2	2	2	7	4	4
× 10	× 1	× 7	× 1	× 5	× 1	× 7	× 5	× 9	× 1
6	4	1	4	4	10	3	4	3	4
× 2	× 5	× 4	× 6	× 7	× 4	× 4	× 4	× 3	× 8
0	3	1	3	0	4	2	0	0	1
× 5	× 3	× 7	× 4	× 1	× 4	× 4	× 8	× 7	× 4
5	5	0	5	5	0	4	6	1	5
× 6	× 1	× 9	× 0	× 10	× 3	× 7	× 5	× 4	× 9
7	2	10	6	1	9	6	5	5	3
× 1	× 2	× 0	× 5	× 5	× 3	× 1	× 10	× 2	× 5
1	3	0	0	0	2	4	9	2	8
× 1	× 9	× 3	× 2	× 5	× 9	× 4	× 1	× 3	× 1
0	1	10	7	4	2	0	0	3	5
× 0	× 1	× 0	× 5	× 4	× 1	× 2	× 3	× 3	× 4

Time: ____________ Score: ____________

2 × 6	2 × 0	1 × 5	2 × 2	0 × 2	4 × 0	0 × 9	5 × 2	7 × 5	9 × 4
7 × 0	10 × 1	2 × 2	5 × 8	0 × 4	2 × 2	0 × 2	2 × 5	1 × 2	1 × 0
0 × 9	0 × 8	2 × 3	6 × 2	4 × 3	6 × 3	5 × 4	2 × 1	4 × 4	4 × 3
2 × 5	4 × 5	7 × 4	2 × 9	2 × 9	0 × 3	7 × 2	0 × 3	4 × 5	4 × 4
0 × 1	1 × 3	6 × 3	5 × 3	2 × 4	1 × 3	8 × 0	1 × 8	7 × 4	5 × 4
3 × 3	3 × 7	3 × 9	3 × 9	6 × 4	0 × 0	3 × 5	0 × 3	6 × 1	3 × 7
5 × 8	0 × 6	5 × 1	4 × 2	5 × 1	0 × 10	2 × 4	7 × 2	5 × 4	4 × 5
5 × 2	5 × 4	2 × 4	1 × 3	3 × 1	1 × 0	5 × 0	5 × 6	2 × 3	3 × 3
1 × 9	4 × 6	1 × 5	9 × 4	1 × 0	0 × 5	10 × 3	4 × 9	10 × 3	10 × 4

Time: ______________ Score: ______________

4 × 9 | 3 × 0 | 6 × 4 | 4 × 0 | 3 × 5 | 1 × 5 | 7 × 3 | 4 × 3 | 4 × 0 | 3 × 3

3 × 3 | 2 × 0 | 9 × 2 | 2 × 3 | 0 × 2 | 0 × 1 | 2 × 8 | 6 × 4 | 5 × 6 | 3 × 4

7 × 3 | 1 × 1 | 4 × 2 | 8 × 5 | 6 × 0 | 2 × 0 | 1 × 3 | 0 × 8 | 2 × 1 | 5 × 4

4 × 7 | 6 × 5 | 4 × 2 | 1 × 2 | 1 × 2 | 0 × 9 | 3 × 10 | 1 × 3 | 0 × 0 | 2 × 1

4 × 3 | 3 × 10 | 3 × 0 | 0 × 7 | 9 × 2 | 4 × 1 | 3 × 5 | 2 × 5 | 0 × 4 | 2 × 6

2 × 9 | 2 × 2 | 10 × 1 | 1 × 3 | 4 × 8 | 5 × 5 | 5 × 2 | 6 × 5 | 8 × 4 | 0 × 0

1 × 8 | 9 × 1 | 5 × 1 | 7 × 1 | 2 × 3 | 5 × 10 | 1 × 4 | 5 × 3 | 0 × 10 | 2 × 0

5 × 2 | 1 × 4 | 1 × 3 | 3 × 0 | 8 × 1 | 5 × 10 | 0 × 7 | 0 × 4 | 3 × 1 | 1 × 10

0 × 2 | 2 × 4 | 5 × 0 | 4 × 8 | 2 × 5 | 1 × 3 | 5 × 8 | 0 × 3 | 3 × 2 | 3 × 6

Time: ____________ Score: ____________

3	0	4	7	1	3	5	2	6	4
× 1	× 3	× 1	× 4	× 4	× 4	× 9	× 6	× 5	× 3
6	2	4	1	8	10	5	0	10	9
× 1	× 9	× 8	× 5	× 0	× 5	× 8	× 2	× 0	× 0
2	4	3	1	4	4	0	0	0	2
× 4	× 10	× 0	× 6	× 3	× 3	× 0	× 2	× 0	× 0
0	6	1	0	0	1	6	6	10	3
× 0	× 3	× 5	× 1	× 5	× 9	× 1	× 2	× 2	× 2
2	0	4	4	4	5	6	9	4	3
× 0	× 3	× 10	× 4	× 10	× 5	× 5	× 4	× 0	× 4
5	5	4	1	2	4	3	2	5	1
× 0	× 1	× 4	× 0	× 2	× 10	× 3	× 1	× 0	× 5
1	4	4	10	0	7	4	3	1	0
× 4	× 0	× 6	× 4	× 7	× 4	× 0	× 1	× 2	× 0
5	6	2	3	0	2	0	3	9	0
× 5	× 2	× 10	× 1	× 2	× 0	× 0	× 7	× 3	× 1
5	5	3	6	3	5	4	1	2	0
× 5	× 3	× 2	× 1	× 0	× 2	× 7	× 5	× 5	× 1

Time: ____________ Score: ____________

3	6	2	2	4	0	1	4	3	5
× 3	× 3	× 2	× 0	× 0	× 2	× 2	× 3	× 2	× 10
1	6	5	0	5	6	10	1	1	4
× 10	× 4	× 4	× 7	× 7	× 2	× 5	× 10	× 8	× 8
5	8	5	2	1	4	2	8	5	0
× 2	× 1	× 8	× 7	× 1	× 10	× 0	× 4	× 1	× 9
3	5	2	5	5	2	2	4	3	3
× 10	× 5	× 5	× 1	× 3	× 0	× 0	× 4	× 8	× 7
5	2	1	0	8	5	5	3	7	4
× 2	× 1	× 6	× 0	× 3	× 10	× 0	× 0	× 5	× 4
5	5	10	8	6	3	0	4	4	6
× 5	× 7	× 5	× 2	× 4	× 0	× 1	× 4	× 1	× 0
7	9	0	3	1	1	0	1	2	8
× 5	× 2	× 10	× 4	× 2	× 1	× 1	× 6	× 5	× 0
0	8	2	0	0	5	5	1	0	4
× 3	× 2	× 6	× 9	× 0	× 0	× 0	× 9	× 0	× 8
7	4	0	4	0	6	5	5	9	9
× 4	× 2	× 6	× 1	× 4	× 1	× 1	× 2	× 4	× 5

Time: ____________ Score: ____________

4	6	4	0	8	4	4	0	8	3
× 2	× 4	× 0	× 3	× 1	× 4	× 2	× 6	× 4	× 2

0	4	1	5	5	9	3	5	10	0
× 7	× 8	× 6	× 1	× 0	× 1	× 5	× 4	× 0	× 0

0	1	3	1	3	5	1	1	9	2
× 7	× 1	× 3	× 7	× 1	× 1	× 2	× 1	× 1	× 3

7	3	2	0	2	0	2	1	6	4
× 0	× 8	× 0	× 3	× 0	× 10	× 4	× 0	× 3	× 1

2	2	2	9	7	10	7	3	7	3
× 2	× 4	× 7	× 5	× 0	× 2	× 0	× 1	× 2	× 5

5	10	6	0	3	0	5	5	4	3
× 4	× 1	× 0	× 0	× 2	× 3	× 2	× 2	× 7	× 7

9	1	0	10	10	6	2	8	0	0
× 3	× 10	× 6	× 0	× 4	× 1	× 3	× 1	× 5	× 1

0	0	9	2	4	0	2	1	9	8
× 3	× 4	× 2	× 7	× 3	× 10	× 7	× 4	× 4	× 5

8	5	0	5	7	3	4	2	3	3
× 1	× 8	× 0	× 5	× 0	× 1	× 10	× 0	× 9	× 4

Time: ______________ Score: ______________

2	0	2	8	1	7	2	5	5	7
× 6	× 6	× 7	× 5	× 0	× 2	× 6	× 4	× 1	× 4
8	10	5	1	9	5	3	2	5	5
× 4	× 1	× 9	× 4	× 1	× 9	× 10	× 2	× 0	× 4
7	1	1	0	4	2	9	1	6	0
× 2	× 2	× 3	× 5	× 0	× 9	× 1	× 5	× 2	× 0
3	3	1	5	4	0	0	10	3	1
× 1	× 0	× 1	× 4	× 5	× 6	× 5	× 4	× 4	× 3
4	1	0	2	2	4	6	1	2	10
× 1	× 0	× 2	× 2	× 9	× 4	× 0	× 2	× 5	× 2
2	0	4	5	0	2	2	3	1	3
× 1	× 5	× 1	× 10	× 0	× 3	× 0	× 9	× 4	× 1
0	3	5	10	10	1	1	8	1	9
× 3	× 1	× 4	× 2	× 4	× 1	× 3	× 1	× 3	× 3
4	2	8	1	2	1	6	2	1	8
× 1	× 2	× 4	× 8	× 0	× 2	× 3	× 10	× 0	× 2
1	5	4	1	0	5	2	2	0	3
× 4	× 5	× 0	× 0	× 5	× 8	× 3	× 4	× 1	× 3

Time: __________ Score: __________

10×4 | 5×3 | 1×2 | 6×2 | 0×6 | 0×5 | 4×9 | 1×6 | 6×3 | 5×9

9×5 | 10×3 | 2×0 | 4×2 | 3×0 | 2×2 | 6×0 | 4×10 | 0×10 | 4×3

6×3 | 0×0 | 3×4 | 9×4 | 8×5 | 2×3 | 3×7 | 3×3 | 0×5 | 6×4

8×5 | 1×2 | 5×8 | 5×0 | 3×6 | 1×0 | 9×2 | 2×0 | 0×3 | 3×4

0×1 | 0×9 | 9×4 | 2×5 | 2×8 | 9×3 | 7×5 | 0×5 | 4×10 | 5×10

10×3 | 6×2 | 8×1 | 1×4 | 1×1 | 4×7 | 0×1 | 1×6 | 0×2 | 0×1

1×5 | 5×6 | 0×2 | 0×4 | 3×0 | 2×5 | 5×4 | 1×2 | 2×9 | 8×5

5×2 | 4×1 | 6×2 | 3×3 | 1×10 | 5×8 | 0×4 | 2×10 | 9×3 | 5×3

10×1 | 9×0 | 1×1 | 6×4 | 0×2 | 5×2 | 7×2 | 1×1 | 0×4 | 5×0

Part 3: Practice Mixed Multiplication Facts above Five

Time: ______________ Score: ______________

7	6	5	0	10	4	4	7	6	7
× 0	× 5	× 6	× 8	× 1	× 10	× 9	× 1	× 0	× 0
4	9	10	8	9	8	10	9	8	8
× 7	× 7	× 7	× 10	× 8	× 8	× 8	× 4	× 8	× 9
4	6	6	7	0	5	10	7	7	2
× 7	× 9	× 4	× 3	× 6	× 7	× 8	× 2	× 5	× 9
7	7	3	0	9	2	7	1	10	9
× 2	× 9	× 8	× 7	× 3	× 7	× 10	× 7	× 10	× 6
9	4	7	1	7	10	9	8	8	8
× 3	× 10	× 9	× 7	× 1	× 6	× 3	× 6	× 3	× 6
9	9	9	10	9	9	7	5	10	7
× 3	× 6	× 9	× 6	× 4	× 9	× 7	× 10	× 10	× 2
6	10	4	7	2	4	4	1	7	5
× 8	× 5	× 9	× 6	× 6	× 9	× 10	× 7	× 8	× 9
10	5	7	9	10	6	8	8	1	6
× 9	× 6	× 4	× 10	× 10	× 2	× 9	× 10	× 8	× 10
4	10	10	5	7	10	10	6	3	0
× 9	× 5	× 5	× 7	× 1	× 2	× 8	× 10	× 7	× 6

Time: ____________ Score: ____________

9×1	10×10	9×10	10×7	7×8	2×10	10×5	9×0	5×10	0×10
0×8	4×7	9×0	8×0	0×9	6×7	7×4	6×7	10×4	9×8
6×8	8×4	2×9	7×0	10×2	8×2	8×2	10×9	10×7	9×8
9×2	3×10	7×8	10×9	8×9	6×6	10×9	8×7	7×0	10×6
7×1	6×3	10×8	9×2	7×10	8×7	7×8	10×10	9×8	3×7
8×3	4×6	8×7	4×7	9×6	9×7	9×3	7×2	5×9	9×9
10×8	9×1	9×6	9×7	2×8	10×6	6×10	6×4	8×7	6×5
3×6	8×6	7×6	10×10	8×4	10×10	7×6	10×1	7×6	0×9
8×10	10×7	7×7	9×10	4×10	1×7	8×9	9×1	8×7	4×9

Time: ____________ Score: ____________

9	7	0	6	7	8	9	9	6	2
× 2	× 8	× 10	× 3	× 3	× 3	× 6	× 2	× 8	× 9
8	0	0	7	1	10	0	7	10	6
× 6	× 6	× 8	× 7	× 6	× 7	× 6	× 6	× 4	× 3
8	9	1	3	2	7	6	6	8	6
× 6	× 6	× 9	× 10	× 6	× 8	× 8	× 1	× 3	× 10
10	8	3	9	4	8	8	7	6	10
× 7	× 9	× 6	× 1	× 8	× 0	× 8	× 8	× 2	× 7
8	10	10	1	7	7	7	8	1	9
× 9	× 2	× 10	× 10	× 9	× 7	× 1	× 2	× 7	× 7
10	7	10	3	5	5	8	5	5	8
× 2	× 6	× 2	× 8	× 7	× 9	× 3	× 9	× 9	× 10
8	0	10	9	9	9	0	5	9	9
× 3	× 6	× 6	× 4	× 9	× 10	× 9	× 7	× 2	× 8
5	6	10	3	4	8	10	0	9	6
× 9	× 6	× 6	× 10	× 10	× 1	× 0	× 7	× 5	× 8
3	8	5	7	5	8	7	6	1	7
× 10	× 6	× 8	× 7	× 9	× 6	× 7	× 6	× 6	× 2

Time: ____________ Score: ____________

8×4	10×0	4×10	9×7	9×9	6×8	9×6	0×7	10×8	10×3
10×3	8×4	8×3	2×8	8×6	7×2	4×10	0×6	9×2	10×2
4×6	0×7	10×8	5×10	7×3	6×10	6×6	6×10	3×6	7×5
10×5	8×3	9×2	10×1	6×8	3×7	7×6	2×10	7×0	3×9
9×1	10×10	8×6	4×7	9×4	7×4	8×8	8×8	0×7	9×6
7×1	3×7	7×10	7×2	10×7	3×6	7×9	1×7	10×6	10×9
10×3	9×1	8×4	5×8	5×8	9×0	2×6	2×9	0×6	6×10
9×7	10×7	8×6	6×3	8×8	10×6	6×3	6×10	9×5	0×9
10×0	9×0	7×2	1×7	8×10	9×6	6×10	0×8	6×3	10×9

Time: ______________ Score: ______________

10	8	6	10	3	7	10	8	6	0
× 8	× 7	× 5	× 7	× 6	× 10	× 4	× 9	× 7	× 7

6	6	2	5	7	7	3	6	3	10
× 8	× 0	× 7	× 9	× 10	× 10	× 9	× 3	× 7	× 5

8	9	2	6	7	9	7	10	2	8
× 4	× 10	× 8	× 8	× 4	× 7	× 10	× 8	× 7	× 6

6	8	4	5	1	10	6	7	8	10
× 6	× 6	× 8	× 7	× 8	× 3	× 9	× 7	× 3	× 9

8	8	10	6	9	10	9	10	6	9
× 5	× 3	× 7	× 4	× 2	× 10	× 8	× 4	× 0	× 0

10	5	8	0	9	6	5	8	9	10
× 8	× 6	× 8	× 6	× 0	× 9	× 6	× 6	× 7	× 6

7	9	10	10	9	2	10	2	9	7
× 7	× 6	× 7	× 9	× 4	× 8	× 0	× 6	× 10	× 5

0	1	4	6	6	2	6	9	2	10
× 6	× 8	× 10	× 7	× 6	× 8	× 1	× 5	× 8	× 2

6	1	7	4	9	9	6	7	8	7
× 3	× 9	× 5	× 6	× 10	× 2	× 10	× 4	× 10	× 2

Time: ______________ Score: ______________

9	1	6	1	8	1	8	3	10	10
× 8	× 8	× 9	× 9	× 2	× 7	× 4	× 6	× 9	× 1
7	8	6	5	10	10	1	9	3	6
× 5	× 4	× 6	× 7	× 10	× 3	× 9	× 7	× 6	× 3
4	7	8	9	8	6	9	5	10	0
× 10	× 3	× 10	× 10	× 10	× 0	× 9	× 10	× 9	× 8
9	6	9	10	8	0	9	9	7	7
× 0	× 8	× 4	× 9	× 7	× 6	× 3	× 7	× 10	× 7
6	6	0	10	7	9	7	7	4	10
× 7	× 10	× 9	× 6	× 6	× 4	× 2	× 7	× 9	× 10
8	9	4	7	7	4	10	8	6	9
× 10	× 2	× 8	× 6	× 9	× 8	× 3	× 4	× 6	× 6
9	4	8	9	6	0	6	7	9	8
× 3	× 8	× 10	× 9	× 0	× 9	× 9	× 9	× 9	× 3
6	4	10	6	10	2	9	8	10	4
× 8	× 6	× 9	× 6	× 3	× 7	× 8	× 6	× 7	× 7
3	7	6	8	9	3	9	9	8	7
× 10	× 2	× 1	× 0	× 7	× 7	× 10	× 6	× 5	× 9

Time: ____________ Score: ____________

2 × 9	8 × 0	8 × 7	6 × 2	7 × 9	8 × 10	7 × 6	6 × 10	0 × 10	0 × 6
4 × 10	3 × 7	5 × 9	9 × 5	8 × 0	7 × 1	10 × 6	6 × 3	5 × 6	9 × 7
4 × 8	10 × 4	10 × 8	10 × 3	10 × 6	8 × 5	10 × 4	7 × 10	5 × 9	6 × 8
7 × 4	10 × 9	10 × 10	3 × 9	9 × 10	2 × 8	8 × 3	10 × 7	3 × 9	10 × 7
6 × 6	7 × 1	0 × 8	1 × 7	0 × 9	3 × 7	8 × 2	9 × 9	7 × 0	7 × 1
10 × 0	6 × 8	8 × 3	4 × 7	5 × 7	7 × 7	1 × 7	2 × 9	6 × 1	3 × 9
0 × 9	10 × 8	3 × 10	9 × 10	10 × 2	7 × 3	8 × 4	3 × 10	6 × 5	3 × 9
1 × 9	9 × 3	5 × 10	9 × 5	9 × 4	1 × 10	7 × 4	9 × 7	10 × 3	10 × 9
8 × 6	9 × 7	1 × 6	10 × 9	4 × 6	2 × 8	9 × 9	8 × 10	2 × 9	5 × 7

Time: ____________ Score: ____________

9	5	10	10	3	9	5	0	7	8
× 2	× 9	× 8	× 6	× 7	× 5	× 7	× 8	× 7	× 7
10	9	10	7	10	8	7	0	10	8
× 9	× 8	× 6	× 10	× 9	× 0	× 4	× 9	× 8	× 10
10	10	7	0	4	10	5	9	9	9
× 0	× 8	× 9	× 8	× 7	× 6	× 7	× 1	× 9	× 6
6	8	2	9	7	9	6	6	6	8
× 3	× 5	× 7	× 9	× 9	× 10	× 2	× 10	× 8	× 10
2	0	8	1	1	0	9	6	4	3
× 7	× 6	× 10	× 8	× 10	× 10	× 7	× 6	× 7	× 7
6	6	8	0	8	6	7	7	2	6
× 7	× 10	× 9	× 7	× 4	× 4	× 9	× 5	× 6	× 9
10	6	1	9	6	7	9	9	6	10
× 10	× 3	× 6	× 1	× 8	× 9	× 1	× 6	× 1	× 7
10	4	9	9	0	1	8	9	1	9
× 9	× 7	× 5	× 3	× 10	× 8	× 5	× 3	× 9	× 7
5	6	8	2	8	6	1	7	10	10
× 10	× 2	× 9	× 6	× 2	× 1	× 7	× 6	× 7	× 9

Time: ______________ Score: ______________

0 × 9	2 × 6	9 × 9	7 × 9	9 × 9	7 × 10	8 × 6	10 × 9	8 × 7	6 × 0
9 × 0	6 × 2	9 × 4	5 × 6	8 × 3	8 × 0	2 × 8	9 × 3	8 × 6	7 × 7
10 × 3	5 × 10	5 × 10	9 × 8	8 × 7	8 × 8	8 × 9	9 × 4	6 × 10	8 × 10
7 × 3	5 × 9	6 × 7	5 × 7	7 × 3	10 × 10	7 × 10	9 × 7	10 × 7	10 × 8
10 × 10	10 × 0	8 × 2	4 × 9	9 × 2	6 × 7	4 × 7	10 × 4	8 × 9	8 × 6
6 × 5	8 × 7	7 × 6	6 × 10	1 × 7	9 × 6	9 × 8	8 × 4	6 × 4	7 × 8
10 × 10	6 × 6	3 × 7	8 × 4	8 × 10	7 × 6	8 × 7	0 × 6	9 × 7	3 × 8
5 × 8	6 × 5	9 × 7	7 × 9	8 × 6	10 × 1	9 × 1	4 × 8	6 × 4	10 × 10
4 × 6	6 × 6	10 × 7	7 × 9	7 × 6	6 × 10	7 × 6	7 × 7	4 × 8	8 × 7

Time: ____________ Score: ____________

6	9	5	10	9	8	8	9	9	2
× 10	× 1	× 6	× 7	× 10	× 0	× 0	× 8	× 7	× 7

7	10	9	8	8	2	7	5	6	10
× 0	× 3	× 4	× 9	× 8	× 6	× 9	× 10	× 5	× 3

9	4	3	7	4	10	7	6	7	6
× 4	× 10	× 7	× 1	× 7	× 4	× 3	× 1	× 9	× 10

10	5	10	2	6	10	8	10	0	9
× 8	× 6	× 5	× 10	× 4	× 6	× 8	× 6	× 7	× 9

6	10	10	1	6	6	6	6	7	0
× 10	× 4	× 8	× 7	× 4	× 9	× 10	× 5	× 4	× 7

7	6	5	8	9	10	7	6	4	6
× 10	× 8	× 8	× 7	× 7	× 4	× 7	× 8	× 8	× 6

10	8	10	7	8	7	9	6	2	8
× 1	× 8	× 6	× 10	× 9	× 0	× 10	× 3	× 7	× 9

3	7	3	8	0	9	10	5	6	10
× 6	× 0	× 10	× 4	× 6	× 7	× 10	× 9	× 5	× 9

10	5	10	6	7	8	0	9	6	9
× 3	× 7	× 1	× 8	× 2	× 7	× 10	× 1	× 7	× 1

Time: ______________ Score: ______________

9 × 7	6 × 7	4 × 10	8 × 9	9 × 6	7 × 9	6 × 10	7 × 10	4 × 7	3 × 6
7 × 7	5 × 9	7 × 5	9 × 8	7 × 3	9 × 7	10 × 9	6 × 2	7 × 4	7 × 10
7 × 2	2 × 7	9 × 8	9 × 9	6 × 3	7 × 1	8 × 1	1 × 8	10 × 10	7 × 8
8 × 7	10 × 10	6 × 3	9 × 5	4 × 8	9 × 6	8 × 3	6 × 6	10 × 0	7 × 6
10 × 8	8 × 2	0 × 6	9 × 1	5 × 8	0 × 9	2 × 8	6 × 9	7 × 8	8 × 10
7 × 5	5 × 8	0 × 6	8 × 4	8 × 1	9 × 2	1 × 10	5 × 8	7 × 9	6 × 10
7 × 0	7 × 10	7 × 9	6 × 6	5 × 8	9 × 8	4 × 10	9 × 6	10 × 4	9 × 8
9 × 6	9 × 10	10 × 6	9 × 1	5 × 8	6 × 0	6 × 2	10 × 3	1 × 10	3 × 10
8 × 5	8 × 10	8 × 9	6 × 0	9 × 9	10 × 6	10 × 6	7 × 7	6 × 5	9 × 8

Time: ______________ Score: ______________

6	6	6	7	8	7	4	10	0	8
× 5	× 8	× 6	× 6	× 10	× 4	× 10	× 10	× 7	× 7
9	5	7	9	8	7	9	7	6	7
× 4	× 7	× 5	× 0	× 0	× 6	× 7	× 6	× 2	× 2
7	6	7	9	6	6	2	8	9	8
× 5	× 0	× 5	× 9	× 4	× 9	× 10	× 10	× 4	× 1
5	10	4	8	6	10	7	8	8	8
× 9	× 9	× 8	× 3	× 3	× 9	× 5	× 0	× 1	× 3
6	6	0	8	6	10	8	3	7	6
× 9	× 6	× 6	× 7	× 5	× 1	× 3	× 8	× 2	× 6
0	4	10	8	8	8	8	7	9	1
× 10	× 10	× 5	× 6	× 6	× 9	× 2	× 1	× 9	× 8
6	8	6	8	10	5	10	6	9	6
× 8	× 8	× 10	× 6	× 5	× 8	× 8	× 8	× 1	× 10
10	6	10	7	2	10	9	9	1	10
× 4	× 4	× 7	× 6	× 10	× 7	× 2	× 1	× 6	× 8
9	9	7	2	4	10	6	3	9	7
× 7	× 9	× 2	× 8	× 9	× 10	× 9	× 10	× 9	× 10

Time: ____________ Score: ____________

7	9	7	7	9	9	6	5	6	10
× 7	× 7	× 8	× 6	× 3	× 3	× 6	× 6	× 0	× 10
2	6	10	8	0	8	6	9	9	9
× 8	× 6	× 1	× 10	× 8	× 6	× 6	× 1	× 4	× 10
8	9	10	8	6	10	3	6	4	9
× 9	× 10	× 0	× 8	× 5	× 8	× 10	× 9	× 6	× 5
4	9	10	9	9	10	5	3	8	2
× 9	× 7	× 3	× 7	× 0	× 4	× 8	× 6	× 3	× 6
7	2	0	2	4	9	6	6	9	0
× 10	× 6	× 6	× 9	× 6	× 2	× 0	× 7	× 0	× 9
2	9	4	7	6	10	5	5	6	8
× 10	× 7	× 10	× 9	× 6	× 9	× 7	× 8	× 8	× 1
9	10	3	10	8	10	9	5	9	6
× 10	× 6	× 9	× 4	× 8	× 7	× 9	× 10	× 10	× 1
9	6	10	6	6	6	6	10	10	10
× 7	× 10	× 9	× 7	× 3	× 9	× 3	× 10	× 0	× 10
4	7	10	6	6	7	6	3	8	5
× 7	× 10	× 4	× 10	× 9	× 8	× 8	× 7	× 5	× 9

Time: ____________ Score: ____________

9	10	10	1	5	10	3	7	9	5
× 6	× 8	× 8	× 8	× 8	× 9	× 10	× 3	× 5	× 8
7	9	7	8	7	7	0	7	7	1
× 7	× 9	× 7	× 0	× 10	× 5	× 10	× 6	× 8	× 9
9	4	6	7	7	7	7	6	1	8
× 6	× 6	× 5	× 0	× 0	× 8	× 9	× 4	× 7	× 1
10	7	6	1	8	8	1	8	3	6
× 8	× 9	× 7	× 10	× 7	× 4	× 9	× 0	× 8	× 7
7	10	1	7	5	9	3	6	7	10
× 0	× 1	× 7	× 7	× 9	× 6	× 10	× 6	× 6	× 10
9	2	7	8	6	8	10	6	3	7
× 7	× 8	× 5	× 9	× 2	× 7	× 9	× 10	× 10	× 4
10	10	5	5	6	8	10	10	6	7
× 10	× 1	× 8	× 7	× 9	× 4	× 4	× 4	× 0	× 2
7	2	6	7	10	3	5	6	7	0
× 9	× 6	× 10	× 2	× 4	× 8	× 10	× 9	× 7	× 9
6	10	2	9	6	6	6	5	0	4
× 10	× 7	× 10	× 9	× 3	× 10	× 9	× 9	× 9	× 6

Time: ____________ Score: ____________

9×0 7×9 6×0 3×10 7×10 6×7 8×6 7×4 6×10 9×3

7×9 6×6 8×0 1×7 9×9 3×7 7×10 10×10 9×7 7×3

5×9 4×10 1×6 6×9 6×8 7×6 1×7 7×9 7×8 9×5

1×9 9×9 6×10 7×6 3×9 8×1 2×9 10×1 8×7 6×6

6×1 5×10 6×0 4×6 6×0 7×7 6×6 6×6 8×5 7×7

6×10 6×6 6×7 6×3 8×7 6×9 9×2 0×9 7×6 3×10

9×7 6×10 10×8 6×8 9×7 6×10 8×10 10×10 8×4 10×0

3×9 5×8 8×3 7×8 0×7 7×7 2×6 8×10 9×0 0×8

6×9 6×5 7×2 2×9 7×2 2×6 0×7 8×10 8×0 7×0

Time: ____________ Score: ____________

10	7	3	10	6	8	5	3	9	8
× 8	× 8	× 9	× 6	× 10	× 6	× 6	× 8	× 9	× 8
7	7	0	0	10	2	9	8	0	0
× 6	× 0	× 9	× 9	× 7	× 6	× 10	× 10	× 10	× 6
2	6	8	9	3	10	6	2	9	5
× 9	× 5	× 6	× 8	× 8	× 10	× 6	× 9	× 4	× 10
4	7	8	7	6	6	7	10	6	8
× 9	× 10	× 7	× 1	× 5	× 7	× 8	× 6	× 6	× 8
10	9	6	8	7	3	8	2	8	7
× 0	× 4	× 9	× 9	× 4	× 6	× 6	× 9	× 8	× 8
7	9	8	1	6	5	6	10	10	6
× 4	× 9	× 9	× 6	× 9	× 8	× 1	× 10	× 8	× 0
9	5	0	8	8	9	7	7	3	10
× 4	× 6	× 9	× 8	× 10	× 10	× 2	× 9	× 8	× 7
8	0	6	10	9	6	7	7	7	9
× 9	× 7	× 9	× 6	× 8	× 7	× 6	× 7	× 3	× 8
9	10	8	6	8	8	6	9	9	7
× 8	× 9	× 10	× 5	× 9	× 6	× 7	× 4	× 6	× 4

Time: ____________ **Score:** ____________

10	6	2	8	7	4	3	7	6	8
× 2	× 4	× 10	× 10	× 7	× 6	× 6	× 7	× 7	× 5

9	6	6	1	7	10	9	4	10	1
× 8	× 7	× 9	× 6	× 7	× 1	× 10	× 10	× 7	× 9

9	3	8	8	8	8	6	0	8	10
× 0	× 10	× 4	× 2	× 8	× 9	× 8	× 6	× 0	× 8

8	0	8	0	4	7	6	10	1	5
× 7	× 8	× 10	× 10	× 6	× 7	× 1	× 0	× 10	× 8

10	8	9	6	6	10	1	8	6	6
× 7	× 0	× 5	× 9	× 6	× 10	× 10	× 3	× 8	× 10

8	10	4	9	9	9	5	6	10	10
× 2	× 8	× 10	× 4	× 3	× 6	× 9	× 8	× 8	× 9

1	3	9	9	7	6	7	8	8	10
× 7	× 7	× 3	× 5	× 9	× 3	× 6	× 3	× 4	× 8

2	8	8	6	1	8	10	5	3	6
× 9	× 7	× 9	× 1	× 7	× 8	× 7	× 10	× 7	× 10

7	10	10	7	9	10	2	9	7	10
× 8	× 2	× 7	× 6	× 4	× 1	× 10	× 3	× 4	× 1

Time: ____________ Score: ____________

6×8	9×2	10×0	1×6	10×10	6×7	4×7	6×8	5×10	6×0
6×4	3×9	7×7	8×8	10×6	7×10	8×9	6×4	7×0	2×6
9×10	4×7	8×7	8×7	7×5	2×7	7×7	7×10	10×9	9×1
6×7	9×5	1×9	9×6	9×7	10×10	8×4	4×9	3×8	9×8
6×5	9×3	7×7	3×9	0×7	9×4	7×4	6×8	6×7	6×4
10×6	5×7	6×9	10×0	10×10	6×3	9×7	6×10	7×4	10×9
7×7	7×2	10×6	6×10	1×10	9×8	6×7	10×10	5×8	3×10
7×1	9×9	6×3	6×2	0×10	8×9	4×9	9×7	2×8	8×7
6×0	1×6	10×6	7×10	4×10	2×7	6×2	0×8	9×3	10×4

Time: ____________ Score: ____________

7	8	1	7	6	9	6	5	7	9
× 6	× 0	× 10	× 2	× 2	× 0	× 9	× 7	× 10	× 9
7	10	8	10	0	8	6	8	1	7
× 6	× 7	× 2	× 8	× 9	× 2	× 2	× 5	× 8	× 0
6	6	7	6	9	6	10	2	9	10
× 9	× 8	× 3	× 7	× 3	× 9	× 4	× 6	× 4	× 3
2	9	7	8	8	6	7	6	4	4
× 10	× 5	× 9	× 9	× 9	× 3	× 7	× 3	× 10	× 9
0	7	6	5	7	1	8	7	7	5
× 6	× 3	× 9	× 8	× 4	× 8	× 6	× 8	× 9	× 9
3	9	8	8	6	0	9	0	6	9
× 8	× 7	× 9	× 9	× 9	× 6	× 5	× 9	× 7	× 7
10	6	5	4	10	6	7	7	5	4
× 8	× 6	× 7	× 8	× 1	× 10	× 4	× 7	× 9	× 10
5	5	2	1	9	1	5	10	8	3
× 7	× 9	× 10	× 9	× 1	× 6	× 6	× 6	× 3	× 9
7	10	1	9	7	6	10	10	10	10
× 9	× 6	× 10	× 10	× 0	× 5	× 9	× 9	× 8	× 9

Time: ____________ Score: ____________

9×9	3×6	6×10	9×0	8×5	1×10	7×9	9×3	4×6	9×3
8×3	2×6	9×8	2×9	0×7	0×7	8×8	6×9	10×6	3×9
7×8	7×1	4×7	8×10	6×6	7×0	7×3	6×8	2×7	10×4
9×7	6×10	4×7	6×2	1×8	6×9	8×10	7×3	6×0	8×1
10×3	8×10	3×6	6×7	9×8	4×7	3×10	2×10	6×4	8×6
7×9	7×2	10×6	7×3	9×8	5×10	5×7	6×10	8×9	0×6
7×8	9×7	10×1	7×7	8×3	10×10	1×9	10×3	6×10	7×0
10×2	7×4	7×3	3×6	8×7	10×10	6×7	0×10	8×1	7×10
6×2	7×4	5×6	10×8	2×10	1×9	10×8	0×9	9×2	8×6

Time: ____________ Score: ____________

3	6	4	7	1	9	10	8	6	9
× 7	× 3	× 7	× 9	× 10	× 4	× 9	× 6	× 10	× 3
6	8	9	1	8	10	10	0	10	9
× 7	× 9	× 8	× 10	× 6	× 10	× 8	× 8	× 6	× 6
8	10	8	7	4	9	0	6	0	7
× 4	× 10	× 0	× 6	× 8	× 3	× 6	× 2	× 6	× 0
6	6	7	6	0	7	6	6	10	9
× 0	× 9	× 5	× 1	× 10	× 9	× 7	× 8	× 8	× 2
2	6	9	4	9	10	6	9	4	9
× 6	× 3	× 10	× 9	× 10	× 5	× 10	× 9	× 6	× 4
5	5	9	1	2	9	3	8	10	7
× 6	× 6	× 4	× 6	× 7	× 10	× 8	× 1	× 0	× 5
1	9	9	10	6	7	9	9	7	6
× 9	× 0	× 6	× 9	× 7	× 9	× 0	× 1	× 2	× 0
5	6	8	3	6	8	6	9	9	0
× 10	× 7	× 10	× 6	× 2	× 0	× 0	× 7	× 9	× 7
5	5	3	6	3	5	9	1	8	0
× 10	× 8	× 8	× 7	× 6	× 8	× 7	× 10	× 5	× 6

Time: ____________ Score: ____________

3×9 6×8 2×8 2×6 4×6 6×2 1×8 10×3 3×7 10×10

7×10 6×9 10×4 6×7 10×7 6×8 10×10 7×10 7×8 9×8

5×7 8×7 10×8 7×7 6×1 9×10 2×6 8×10 5×7 6×9

9×10 5×10 8×5 5×7 5×8 8×0 2×6 4×9 8×8 9×7

10×2 7×1 7×6 6×0 8×8 10×10 5×6 9×0 7×10 4×9

10×5 10×7 10×10 8×7 6×9 3×6 0×7 4×10 9×1 6×6

7×10 9×7 6×10 3×9 1×8 6×1 0×7 7×6 2×10 8×6

6×3 8×7 7×6 6×9 0×6 5×6 10×0 7×9 0×6 10×8

7×9 4×8 6×6 9×1 0×9 6×7 10×1 5×7 9×10 9×10

Time: ____________ Score: ____________

9	6	4	0	8	4	9	6	8	3
× 2	× 9	× 6	× 9	× 7	× 9	× 2	× 6	× 9	× 8
6	9	6	5	10	9	3	5	10	0
× 7	× 8	× 6	× 7	× 0	× 7	× 10	× 10	× 6	× 6
6	7	9	7	9	10	7	1	9	2
× 7	× 1	× 3	× 7	× 1	× 1	× 2	× 6	× 7	× 8
7	8	2	6	7	6	2	1	6	4
× 6	× 8	× 6	× 3	× 0	× 10	× 10	× 6	× 9	× 7
2	2	8	9	7	10	7	8	7	8
× 7	× 9	× 7	× 10	× 6	× 7	× 6	× 1	× 8	× 5
10	10	6	6	3	0	10	5	9	8
× 4	× 6	× 6	× 0	× 8	× 9	× 2	× 7	× 7	× 7
9	7	6	10	10	6	8	8	0	6
× 8	× 10	× 6	× 6	× 9	× 7	× 3	× 7	× 10	× 1
0	6	9	7	4	6	7	6	9	8
× 8	× 4	× 7	× 7	× 9	× 10	× 7	× 4	× 9	× 10
8	10	6	10	7	3	9	2	9	3
× 7	× 8	× 0	× 5	× 6	× 6	× 10	× 6	× 9	× 10

Time: ______________ Score: ______________

8	6	8	8	7	7	7	10	10	7
× 6	× 6	× 7	× 10	× 0	× 7	× 6	× 4	× 1	× 9
8	10	10	1	9	10	9	7	10	5
× 10	× 7	× 9	× 9	× 7	× 9	× 10	× 2	× 0	× 9
7	7	1	6	4	7	9	1	6	6
× 8	× 2	× 9	× 5	× 6	× 9	× 7	× 10	× 7	× 0
3	8	1	10	9	6	6	10	9	6
× 7	× 0	× 7	× 4	× 5	× 6	× 5	× 9	× 4	× 3
9	1	6	2	7	4	6	7	2	10
× 1	× 6	× 2	× 8	× 9	× 9	× 6	× 2	× 10	× 8
8	6	9	10	6	2	2	9	1	8
× 1	× 5	× 1	× 10	× 0	× 9	× 6	× 9	× 10	× 1
6	3	5	10	10	7	7	8	7	9
× 3	× 6	× 9	× 7	× 9	× 1	× 3	× 7	× 3	× 8
9	2	8	7	8	1	6	7	7	8
× 1	× 8	× 9	× 8	× 0	× 7	× 8	× 10	× 0	× 8
7	10	9	1	0	10	8	2	6	3
× 4	× 5	× 0	× 6	× 10	× 8	× 3	× 10	× 1	× 8

Time: ______________ Score: ______________

10 × 9 | 10 × 3 | 1 × 8 | 6 × 8 | 6 × 6 | 0 × 10 | 9 × 9 | 6 × 6 | 6 × 8 | 10 × 9

9 × 10 | 10 × 8 | 2 × 6 | 10 × 2 | 3 × 6 | 2 × 8 | 6 × 6 | 9 × 10 | 6 × 10 | 10 × 3

6 × 9 | 0 × 6 | 8 × 4 | 9 × 9 | 8 × 10 | 2 × 8 | 8 × 7 | 8 × 3 | 0 × 10 | 6 × 9

8 × 10 | 1 × 7 | 10 × 8 | 5 × 6 | 8 × 6 | 7 × 0 | 9 × 8 | 2 × 6 | 6 × 3 | 9 × 4

6 × 1 | 6 × 9 | 9 × 10 | 8 × 5 | 8 × 8 | 9 × 9 | 7 × 10 | 6 × 5 | 9 × 10 | 10 × 10

10 × 9 | 6 × 8 | 8 × 6 | 6 × 4 | 1 × 7 | 9 × 7 | 0 × 6 | 7 × 6 | 6 × 2 | 6 × 1

1 × 10 | 10 × 6 | 0 × 7 | 6 × 4 | 3 × 6 | 8 × 5 | 10 × 4 | 6 × 2 | 8 × 9 | 8 × 10

5 × 8 | 9 × 1 | 6 × 8 | 3 × 8 | 7 × 10 | 10 × 8 | 6 × 4 | 8 × 10 | 9 × 9 | 10 × 3

10 × 7 | 9 × 6 | 7 × 1 | 6 × 9 | 0 × 8 | 10 × 2 | 7 × 8 | 7 × 1 | 6 × 4 | 5 × 6

Part 4: Practice Mixed Multiplication Facts up to Ten

Time: ____________________ Score: ____________________

0 × 4	10 × 5	0 × 9	5 × 0	2 × 0	4 × 1	1 × 10	8 × 4	10 × 0	4 × 8
1 × 1	2 × 9	0 × 0	9 × 0	3 × 6	4 × 3	5 × 7	8 × 7	10 × 3	3 × 10
5 × 10	8 × 8	8 × 8	4 × 0	8 × 10	6 × 4	7 × 10	8 × 6	10 × 8	8 × 5
4 × 3	5 × 9	0 × 9	4 × 1	9 × 3	4 × 8	0 × 2	5 × 5	3 × 0	10 × 5
5 × 2	2 × 10	5 × 3	9 × 2	7 × 0	2 × 3	5 × 9	4 × 10	3 × 6	0 × 0
4 × 3	3 × 8	10 × 2	2 × 2	10 × 2	8 × 1	4 × 2	10 × 9	0 × 6	7 × 9
3 × 8	6 × 4	10 × 1	7 × 8	0 × 1	2 × 0	1 × 3	6 × 6	9 × 7	3 × 7
9 × 8	2 × 0	3 × 6	8 × 8	1 × 0	3 × 8	5 × 9	0 × 2	9 × 7	2 × 6
9 × 8	4 × 7	8 × 9	8 × 9	7 × 3	2 × 5	10 × 3	10 × 10	6 × 2	2 × 8

Time: ____________ Score: ____________

8 × 2   7 × 5   9 × 10   4 × 7   0 × 7   0 × 1   2 × 1   0 × 4   7 × 0   4 × 9

2 × 1   3 × 3   7 × 4   5 × 5   8 × 3   9 × 8   9 × 5   0 × 1   4 × 4   7 × 10

8 × 10   10 × 9   10 × 2   2 × 7   8 × 7   2 × 8   9 × 4   1 × 5   0 × 10   1 × 6

4 × 7   1 × 5   9 × 10   5 × 9   9 × 5   3 × 5   1 × 2   10 × 2   9 × 9   8 × 10

7 × 10   1 × 5   3 × 4   2 × 0   1 × 2   1 × 7   7 × 10   10 × 7   10 × 6   7 × 7

9 × 9   8 × 3   9 × 2   10 × 0   5 × 10   8 × 0   7 × 8   5 × 9   1 × 0   10 × 3

0 × 5   1 × 4   3 × 0   0 × 8   10 × 0   5 × 6   0 × 8   4 × 6   4 × 0   4 × 3

9 × 6   3 × 3   4 × 9   6 × 9   4 × 0   6 × 5   4 × 4   5 × 7   2 × 7   2 × 0

3 × 7   2 × 9   8 × 2   6 × 9   2 × 4   10 × 9   10 × 10   10 × 2   4 × 8   7 × 9

Time: ______________ **Score:** ______________

2×8 6×3 10×3 7×4 3×9 9×10 9×5 6×6 0×0 9×9

6×8 3×0 0×2 8×6 8×7 1×3 10×3 0×6 8×9 7×2

6×10 7×9 1×8 3×4 8×3 9×10 9×5 8×8 8×3 3×4

3×5 7×4 1×1 7×5 8×4 2×2 9×1 0×9 2×2 3×6

6×2 2×9 5×7 1×9 7×3 10×5 5×1 6×8 6×7 8×7

8×10 2×5 3×10 0×0 6×10 1×4 1×5 7×6 9×5 1×9

3×1 4×8 0×1 7×0 0×10 10×6 4×5 5×10 9×2 6×3

7×1 9×5 6×3 10×0 8×2 10×6 8×10 3×3 7×4 2×10

7×10 4×10 2×1 2×1 9×5 8×1 7×7 7×6 6×4 7×2

Time: ____________ Score: ____________

2	6	4	0	4	0	3	10	5	9
× 7	× 7	× 1	× 10	× 3	× 9	× 3	× 3	× 7	× 0
2	7	6	0	8	8	1	1	0	5
× 2	× 7	× 5	× 2	× 1	× 0	× 0	× 0	× 6	× 7
4	1	0	9	0	1	0	4	8	0
× 7	× 1	× 7	× 10	× 1	× 7	× 0	× 9	× 3	× 5
6	7	1	1	4	9	2	0	3	8
× 5	× 9	× 0	× 7	× 3	× 3	× 1	× 8	× 10	× 1
8	1	3	7	9	7	10	4	3	0
× 1	× 8	× 4	× 6	× 4	× 10	× 9	× 8	× 1	× 1
8	4	2	6	8	1	3	2	8	10
× 6	× 6	× 0	× 9	× 5	× 8	× 7	× 2	× 7	× 6
8	3	9	10	5	10	7	0	4	1
× 8	× 2	× 9	× 9	× 1	× 2	× 8	× 7	× 4	× 2
7	4	1	0	4	2	6	0	2	7
× 2	× 9	× 2	× 9	× 0	× 10	× 7	× 3	× 9	× 3
6	5	2	6	3	9	8	5	1	5
× 3	× 2	× 5	× 2	× 5	× 5	× 2	× 8	× 10	× 8

Time: ____________ Score: ____________

3	9	0	10	5	8	9	8	9	0
× 5	× 0	× 4	× 1	× 4	× 9	× 7	× 9	× 4	× 7
1	4	2	7	8	5	2	0	6	6
× 5	× 0	× 8	× 8	× 8	× 7	× 6	× 2	× 10	× 3
10	4	5	5	0	10	3	5	6	0
× 0	× 10	× 1	× 10	× 10	× 0	× 3	× 7	× 8	× 6
3	0	4	5	4	3	5	1	4	7
× 10	× 6	× 10	× 6	× 7	× 3	× 8	× 6	× 8	× 3
7	0	1	4	3	4	6	8	4	1
× 6	× 1	× 1	× 2	× 8	× 5	× 0	× 6	× 9	× 9
2	9	8	1	6	7	3	8	8	10
× 1	× 7	× 8	× 9	× 8	× 0	× 2	× 10	× 3	× 5
3	5	5	3	10	5	8	0	3	4
× 10	× 4	× 8	× 5	× 2	× 4	× 0	× 2	× 6	× 9
2	0	2	7	10	4	3	3	10	1
× 0	× 0	× 8	× 2	× 9	× 0	× 0	× 3	× 6	× 5
8	3	5	10	6	6	10	3	3	2
× 0	× 4	× 6	× 4	× 1	× 6	× 5	× 1	× 5	× 10

Time: ______________ Score: ______________

5	7	6	2	10	9	6	1	3	7
× 9	× 3	× 8	× 7	× 1	× 9	× 6	× 3	× 5	× 0
3	10	0	10	7	1	6	9	8	0
× 2	× 0	× 3	× 3	× 1	× 7	× 10	× 6	× 1	× 4
3	4	6	2	8	9	5	0	3	1
× 4	× 8	× 4	× 10	× 5	× 8	× 1	× 2	× 9	× 4
1	10	2	7	1	2	10	0	0	9
× 4	× 3	× 5	× 9	× 2	× 10	× 3	× 3	× 1	× 4
8	3	10	3	10	3	5	6	4	7
× 1	× 2	× 0	× 9	× 10	× 10	× 1	× 7	× 5	× 5
5	5	1	8	2	1	6	0	0	10
× 3	× 4	× 0	× 7	× 0	× 2	× 0	× 1	× 6	× 4
7	7	9	8	1	1	8	0	1	3
× 8	× 7	× 10	× 1	× 3	× 8	× 6	× 10	× 3	× 0
8	0	5	5	7	0	7	7	2	5
× 10	× 7	× 7	× 0	× 0	× 10	× 0	× 9	× 2	× 1
3	8	0	8	6	3	6	3	7	6
× 1	× 10	× 6	× 6	× 9	× 0	× 1	× 2	× 10	× 3

Time: __________ Score: __________

8×9 8×7 4×10 5×1 6×7 9×10 3×1 5×10 2×8 4×8

9×9 5×8 6×4 4×0 3×0 6×6 0×0 0×7 2×2 1×5

7×2 10×2 9×10 2×9 3×6 4×3 0×9 3×4 0×5 10×6

4×4 9×9 9×2 2×5 4×6 6×4 4×4 6×9 3×0 10×4

7×10 5×0 2×4 2×6 4×10 6×1 10×8 0×2 4×6 4×5

3×3 1×5 5×3 9×6 9×0 7×7 3×2 3×5 8×10 7×3

5×4 6×3 6×6 7×10 9×4 0×6 2×7 9×10 9×9 8×7

7×4 9×9 0×1 7×0 8×10 8×10 5×5 0×0 8×5 2×0

0×4 0×8 5×6 6×1 5×0 4×6 4×6 7×8 5×6 9×9

Time: ____________ Score: ____________

7	9	2	7	10	8	4	7	4	0
× 3	× 9	× 5	× 8	× 10	× 1	× 6	× 2	× 3	× 9
8	0	9	2	2	0	2	4	4	4
× 2	× 1	× 10	× 5	× 6	× 1	× 1	× 1	× 10	× 7
1	6	1	6	1	10	7	2	4	9
× 8	× 2	× 2	× 0	× 2	× 5	× 9	× 5	× 2	× 9
3	8	6	5	7	0	9	0	7	6
× 1	× 1	× 2	× 2	× 4	× 2	× 10	× 2	× 7	× 10
2	2	10	10	3	8	6	6	6	5
× 4	× 9	× 5	× 2	× 6	× 6	× 1	× 4	× 8	× 1
7	2	6	3	4	8	1	10	3	10
× 0	× 4	× 1	× 2	× 6	× 3	× 2	× 8	× 1	× 9
5	6	5	6	10	2	10	4	10	1
× 3	× 4	× 7	× 0	× 5	× 0	× 9	× 3	× 10	× 7
3	7	3	4	0	4	2	3	8	2
× 7	× 8	× 0	× 3	× 8	× 9	× 3	× 6	× 9	× 10
7	10	7	1	9	6	9	9	7	6
× 7	× 5	× 0	× 9	× 7	× 5	× 0	× 9	× 0	× 3

Time: ____________ Score: ____________

0	9	2	4	8	9	8	5	2	3
× 7	× 8	× 7	× 6	× 9	× 7	× 2	× 0	× 4	× 8
8	8	7	5	4	7	6	10	0	3
× 7	× 9	× 9	× 7	× 0	× 2	× 6	× 4	× 7	× 6
10	7	2	8	2	9	2	4	2	9
× 7	× 0	× 4	× 6	× 2	× 7	× 5	× 7	× 10	× 4
10	8	7	4	2	2	9	7	4	3
× 5	× 2	× 5	× 5	× 6	× 7	× 4	× 4	× 5	× 9
8	6	6	4	8	3	8	5	10	8
× 4	× 9	× 0	× 6	× 7	× 6	× 4	× 4	× 6	× 9
7	0	8	7	9	8	8	9	1	6
× 10	× 0	× 0	× 1	× 0	× 7	× 5	× 7	× 3	× 10
8	10	1	9	5	1	3	6	2	9
× 1	× 4	× 2	× 10	× 6	× 9	× 8	× 2	× 4	× 4
2	0	10	0	2	3	4	2	1	10
× 8	× 0	× 4	× 4	× 2	× 9	× 2	× 7	× 0	× 0
6	7	6	2	9	5	6	5	6	3
× 7	× 7	× 3	× 1	× 9	× 6	× 5	× 5	× 9	× 10

Time: ____________ Score: ____________

2	2	5	7	10	2	7	4	10	7
× 8	× 0	× 5	× 5	× 2	× 8	× 7	× 8	× 2	× 2
2	10	0	0	1	4	4	3	5	3
× 6	× 1	× 10	× 0	× 1	× 10	× 3	× 3	× 8	× 5
6	0	8	2	10	2	1	5	4	4
× 8	× 4	× 1	× 7	× 0	× 3	× 7	× 0	× 9	× 0
4	0	10	8	10	9	6	10	4	4
× 5	× 4	× 6	× 10	× 3	× 8	× 9	× 5	× 10	× 10
9	3	5	4	6	4	7	9	10	4
× 10	× 8	× 6	× 6	× 4	× 4	× 9	× 10	× 10	× 3
6	10	9	6	3	6	9	3	2	3
× 1	× 7	× 2	× 3	× 6	× 7	× 10	× 8	× 10	× 1
6	5	2	0	3	2	0	4	4	2
× 1	× 1	× 9	× 5	× 1	× 2	× 7	× 3	× 2	× 4
10	8	0	7	2	0	8	6	3	9
× 9	× 3	× 3	× 1	× 9	× 10	× 6	× 2	× 4	× 4
2	5	2	3	1	0	8	1	5	6
× 0	× 3	× 7	× 2	× 3	× 2	× 4	× 1	× 3	× 4

Time: ____________ Score: ____________

0	1	10	3	0	9	2	8	2	4
× 7	× 8	× 6	× 9	× 9	× 0	× 10	× 3	× 6	× 4
6	9	5	6	7	1	4	7	5	3
× 3	× 2	× 0	× 3	× 1	× 7	× 3	× 9	× 9	× 5
7	4	8	10	4	8	2	3	6	9
× 8	× 6	× 1	× 4	× 3	× 9	× 1	× 10	× 9	× 10
6	6	2	1	0	6	4	3	6	9
× 4	× 9	× 0	× 0	× 10	× 2	× 0	× 2	× 2	× 8
0	4	2	1	3	2	10	8	8	6
× 10	× 9	× 8	× 5	× 2	× 7	× 5	× 1	× 10	× 10
0	3	4	7	5	0	5	7	6	5
× 4	× 3	× 5	× 10	× 2	× 0	× 0	× 3	× 7	× 8
10	2	5	10	1	9	10	5	6	4
× 7	× 9	× 0	× 1	× 7	× 1	× 6	× 0	× 6	× 2
8	6	10	0	5	0	10	9	7	3
× 0	× 1	× 6	× 10	× 10	× 9	× 8	× 6	× 6	× 0
5	4	2	8	5	2	7	9	5	0
× 1	× 4	× 6	× 6	× 3	× 1	× 6	× 8	× 9	× 4

Time: ______________ Score: ______________

3	7	5	2	4	8	7	5	7	2
× 2	× 5	× 7	× 2	× 9	× 7	× 6	× 10	× 7	× 2
6	1	6	3	6	2	3	1	10	8
× 10	× 7	× 5	× 10	× 9	× 3	× 0	× 3	× 6	× 1
5	1	2	9	7	8	1	4	2	2
× 5	× 9	× 0	× 3	× 8	× 6	× 9	× 3	× 3	× 5
7	7	1	9	5	2	4	6	1	9
× 1	× 10	× 8	× 5	× 0	× 3	× 5	× 4	× 10	× 2
7	3	2	4	7	10	2	1	1	3
× 5	× 7	× 0	× 6	× 2	× 9	× 3	× 9	× 0	× 1
7	6	3	3	1	7	1	1	7	2
× 9	× 6	× 9	× 8	× 8	× 9	× 1	× 1	× 10	× 2
10	2	3	5	6	7	0	4	5	5
× 7	× 4	× 2	× 8	× 3	× 9	× 10	× 1	× 1	× 6
10	7	1	4	8	5	1	0	9	5
× 3	× 6	× 8	× 7	× 10	× 10	× 2	× 7	× 4	× 2
0	2	7	0	1	3	1	7	7	9
× 5	× 4	× 1	× 6	× 4	× 7	× 0	× 10	× 9	× 8

Time: ____________ Score: ____________

0	0	1	9	8	7	9	5	10	8
× 8	× 2	× 3	× 6	× 7	× 4	× 7	× 7	× 2	× 0
1	9	8	0	1	0	10	1	4	8
× 9	× 7	× 3	× 0	× 9	× 7	× 2	× 8	× 6	× 5
1	3	8	4	2	2	6	8	2	3
× 2	× 4	× 0	× 8	× 4	× 3	× 8	× 2	× 7	× 3
3	6	9	5	3	8	7	8	5	8
× 10	× 5	× 4	× 9	× 8	× 6	× 4	× 8	× 5	× 7
3	7	6	0	10	3	9	6	6	0
× 4	× 10	× 10	× 8	× 4	× 2	× 5	× 4	× 2	× 5
2	3	7	10	7	1	8	7	6	10
× 5	× 3	× 10	× 7	× 9	× 7	× 6	× 9	× 8	× 8
10	2	10	2	6	6	2	8	2	4
× 10	× 0	× 5	× 4	× 4	× 4	× 6	× 6	× 2	× 2
2	9	8	1	0	5	7	6	6	7
× 4	× 9	× 7	× 8	× 3	× 0	× 7	× 7	× 4	× 10
0	1	1	6	8	7	5	4	9	2
× 9	× 4	× 6	× 6	× 6	× 4	× 10	× 1	× 8	× 7

Time: ______________ Score: ______________

10 × 10	3 × 6	2 × 2	3 × 2	0 × 4	4 × 10	8 × 10	5 × 6	2 × 7	8 × 2
3 × 0	1 × 3	9 × 3	1 × 3	5 × 3	5 × 5	1 × 5	2 × 9	9 × 3	3 × 7
7 × 0	8 × 1	2 × 1	9 × 6	1 × 6	7 × 4	5 × 1	4 × 0	6 × 10	10 × 2
4 × 0	3 × 6	0 × 6	7 × 9	8 × 7	8 × 0	6 × 2	5 × 6	10 × 3	6 × 2
7 × 7	3 × 6	4 × 6	4 × 8	3 × 5	6 × 9	5 × 1	6 × 8	5 × 0	2 × 7
10 × 6	10 × 6	7 × 0	4 × 9	0 × 5	6 × 8	8 × 9	9 × 2	5 × 2	3 × 4
0 × 4	9 × 3	10 × 6	4 × 6	7 × 9	5 × 10	8 × 4	4 × 2	1 × 4	9 × 2
8 × 5	10 × 1	5 × 0	7 × 3	9 × 6	4 × 7	8 × 4	8 × 0	3 × 3	3 × 1
3 × 7	4 × 4	5 × 4	10 × 7	3 × 2	10 × 1	0 × 6	9 × 4	6 × 10	2 × 6

Time: ____________ Score: ____________

8×9 | 5×5 | 1×4 | 5×9 | 8×2 | 8×4 | 4×0 | 9×10 | 1×1 | 8×4

3×6 | 9×6 | 0×4 | 4×9 | 7×7 | 6×10 | 2×4 | 10×9 | 10×5 | 3×1

3×2 | 4×2 | 6×6 | 7×4 | 6×10 | 3×5 | 2×8 | 4×4 | 6×0 | 2×0

10×2 | 7×8 | 2×7 | 5×4 | 4×8 | 3×3 | 7×8 | 6×4 | 10×7 | 7×4

3×8 | 1×7 | 4×4 | 2×6 | 0×3 | 1×10 | 7×8 | 4×10 | 10×0 | 1×7

10×0 | 8×7 | 1×0 | 3×7 | 9×9 | 5×3 | 0×7 | 2×2 | 5×8 | 8×1

3×1 | 5×0 | 2×8 | 3×9 | 4×4 | 4×8 | 0×1 | 1×9 | 3×2 | 10×10

5×5 | 7×2 | 5×1 | 7×9 | 10×10 | 3×10 | 10×5 | 2×1 | 1×9 | 5×8

2×9 | 2×2 | 9×8 | 2×1 | 0×10 | 2×1 | 6×7 | 6×3 | 0×1 | 7×7

Time: ____________ Score: ____________

7	10	2	4	3	7	6	8	7	6
× 7	× 6	× 3	× 9	× 8	× 4	× 6	× 7	× 5	× 10
2	4	4	1	1	7	9	8	5	5
× 10	× 10	× 3	× 3	× 0	× 2	× 5	× 0	× 2	× 9
4	3	6	6	10	4	1	4	8	10
× 2	× 2	× 7	× 9	× 7	× 2	× 9	× 2	× 7	× 1
2	8	2	8	10	7	3	7	3	1
× 3	× 2	× 2	× 6	× 9	× 10	× 0	× 1	× 8	× 6
9	5	10	6	6	7	9	10	3	8
× 1	× 5	× 10	× 7	× 2	× 6	× 10	× 8	× 0	× 5
7	4	3	7	3	8	0	0	9	2
× 7	× 6	× 6	× 8	× 5	× 6	× 10	× 8	× 6	× 6
10	1	5	0	4	6	5	3	7	2
× 6	× 2	× 6	× 2	× 1	× 10	× 5	× 0	× 3	× 5
1	0	8	6	5	5	10	6	0	1
× 9	× 9	× 3	× 10	× 5	× 3	× 5	× 1	× 1	× 4
6	1	10	8	1	0	6	9	9	0
× 10	× 5	× 2	× 5	× 10	× 5	× 5	× 2	× 10	× 9

Time: ____________ Score: ____________

0 × 2	6 × 10	3 × 9	7 × 7	3 × 6	1 × 9	5 × 5	3 × 9	4 × 2	4 × 9
0 × 6	7 × 10	4 × 9	9 × 9	6 × 1	9 × 1	3 × 10	8 × 10	6 × 10	6 × 1
6 × 8	5 × 4	3 × 0	0 × 6	2 × 0	6 × 3	9 × 7	1 × 10	3 × 3	9 × 3
5 × 4	8 × 8	10 × 2	8 × 7	1 × 0	0 × 7	9 × 7	3 × 6	10 × 6	10 × 0
2 × 7	3 × 9	5 × 1	10 × 9	6 × 1	5 × 1	9 × 8	0 × 7	6 × 1	10 × 7
0 × 3	8 × 10	4 × 4	3 × 6	4 × 9	4 × 10	9 × 6	0 × 3	4 × 7	6 × 6
4 × 7	6 × 5	2 × 1	5 × 2	10 × 0	7 × 8	0 × 6	9 × 6	2 × 8	9 × 2
4 × 7	0 × 2	2 × 0	7 × 2	3 × 7	5 × 3	8 × 0	1 × 8	5 × 3	7 × 9
7 × 3	4 × 1	7 × 9	1 × 9	2 × 10	3 × 10	5 × 9	4 × 7	10 × 1	5 × 8

Time: ____________ Score: ____________

5	3	10	4	2	4	3	8	9	5
× 7	× 9	× 10	× 4	× 3	× 10	× 0	× 9	× 8	× 4
8	5	1	8	5	6	3	0	0	1
× 0	× 7	× 5	× 3	× 5	× 6	× 6	× 0	× 0	× 7
5	5	7	10	3	10	4	2	8	1
× 7	× 2	× 1	× 7	× 5	× 3	× 5	× 2	× 6	× 9
0	1	10	5	6	0	6	8	5	2
× 9	× 4	× 5	× 9	× 8	× 0	× 5	× 9	× 10	× 5
9	3	9	1	4	8	8	5	10	9
× 1	× 9	× 7	× 1	× 0	× 0	× 8	× 4	× 0	× 8
0	5	6	5	8	6	4	1	7	10
× 1	× 10	× 5	× 5	× 9	× 6	× 3	× 7	× 6	× 1
4	7	1	7	8	2	2	1	3	2
× 9	× 4	× 7	× 9	× 6	× 10	× 9	× 10	× 2	× 7
5	7	1	2	5	7	6	7	2	7
× 1	× 5	× 1	× 10	× 4	× 8	× 9	× 8	× 3	× 2
5	4	2	9	6	3	8	9	6	9
× 4	× 8	× 10	× 10	× 7	× 3	× 3	× 7	× 7	× 3

Time: ____________ Score: ____________

7×3	9×9	2×0	7×4	2×6	3×9	3×7	7×3	7×9	6×1
9×5	0×2	0×1	9×10	9×10	2×6	4×6	0×0	1×9	9×8
10×0	0×5	2×8	1×4	6×0	0×1	6×9	4×8	8×10	8×7
9×5	7×9	9×3	0×9	5×8	6×8	5×0	8×8	8×6	3×10
2×6	8×3	4×1	3×5	7×6	4×7	3×7	6×6	3×10	7×7
7×10	0×6	6×4	9×9	5×5	2×3	0×0	3×4	5×2	0×0
7×9	3×2	1×3	0×0	2×2	7×4	4×0	3×2	7×6	0×1
5×6	4×4	0×7	7×0	7×0	2×9	1×7	7×7	4×10	4×7
7×4	6×0	2×9	9×10	5×2	4×5	4×0	8×0	5×1	5×8

Time: ____________ Score: ____________

9 × 10	3 × 6	10 × 8	3 × 7	4 × 4	8 × 6	8 × 5	8 × 10	2 × 2	9 × 7
9 × 5	10 × 5	9 × 10	2 × 1	1 × 8	9 × 3	3 × 10	1 × 9	9 × 9	5 × 6
2 × 0	3 × 0	7 × 9	0 × 9	3 × 1	8 × 10	10 × 3	0 × 9	10 × 10	9 × 3
4 × 3	0 × 7	9 × 4	4 × 10	10 × 6	10 × 5	9 × 0	9 × 7	4 × 4	6 × 4
1 × 3	2 × 1	5 × 4	5 × 5	7 × 3	9 × 0	3 × 10	6 × 5	10 × 5	0 × 1
6 × 3	5 × 5	2 × 9	10 × 8	3 × 9	0 × 3	3 × 8	5 × 7	7 × 5	5 × 1
7 × 3	9 × 9	7 × 4	7 × 4	0 × 0	5 × 10	7 × 10	0 × 5	2 × 5	0 × 10
3 × 6	4 × 9	7 × 4	2 × 1	7 × 0	9 × 1	4 × 4	2 × 4	5 × 0	7 × 0
3 × 10	0 × 3	7 × 7	6 × 2	7 × 6	3 × 4	0 × 8	1 × 3	4 × 1	5 × 5

Time: ______________ Score: ______________

8	8	2	6	5	9	7	9	6	1
× 9	× 9	× 7	× 2	× 1	× 0	× 5	× 4	× 8	× 6
1	5	3	0	0	0	10	10	1	5
× 0	× 5	× 5	× 7	× 7	× 4	× 1	× 5	× 2	× 7
4	5	0	7	3	3	1	7	1	10
× 1	× 7	× 6	× 8	× 10	× 6	× 2	× 1	× 10	× 2
7	9	4	5	7	7	2	10	4	10
× 6	× 2	× 0	× 4	× 8	× 2	× 0	× 7	× 6	× 8
0	0	3	1	3	10	0	10	5	3
× 10	× 9	× 9	× 4	× 10	× 10	× 1	× 7	× 6	× 5
2	9	8	6	4	5	10	0	8	4
× 1	× 0	× 4	× 7	× 10	× 4	× 6	× 0	× 2	× 6
7	2	1	10	8	2	4	6	5	5
× 7	× 2	× 3	× 1	× 2	× 8	× 10	× 3	× 4	× 9
2	7	7	9	8	6	4	10	2	2
× 6	× 5	× 3	× 0	× 3	× 10	× 7	× 7	× 10	× 9
7	3	7	8	6	5	7	0	1	2
× 7	× 1	× 6	× 0	× 7	× 5	× 2	× 8	× 4	× 5

Time: ______________ Score: ______________

0 × 8   10 × 7   8 × 4   0 × 0   6 × 3   10 × 0   10 × 2   10 × 7   2 × 5   6 × 5

9 × 4   2 × 8   6 × 10   0 × 3   6 × 5   9 × 3   7 × 6   1 × 1   0 × 5   5 × 1

2 × 0   9 × 8   3 × 3   2 × 0   7 × 9   1 × 10   9 × 1   7 × 7   6 × 3   4 × 5

5 × 7   2 × 4   8 × 2   1 × 0   0 × 6   7 × 5   8 × 0   10 × 6   2 × 7   1 × 2

3 × 7   8 × 0   7 × 5   0 × 5   8 × 6   1 × 7   1 × 9   7 × 2   6 × 10   0 × 7

1 × 2   3 × 8   1 × 1   4 × 6   2 × 8   3 × 1   10 × 9   8 × 3   4 × 6   1 × 9

1 × 2   6 × 5   8 × 1   0 × 0   7 × 4   1 × 2   0 × 1   10 × 7   2 × 8   6 × 1

7 × 6   0 × 3   5 × 5   9 × 7   2 × 7   10 × 0   6 × 6   1 × 0   7 × 1   6 × 3

0 × 8   7 × 4   5 × 9   1 × 8   2 × 7   6 × 0   8 × 5   6 × 3   5 × 3   10 × 3

Time: ____________ Score: ____________

9 × 3	0 × 6	9 × 4	8 × 10	9 × 8	0 × 7	7 × 7	10 × 10	1 × 6	10 × 4
6 × 10	10 × 10	4 × 5	6 × 0	10 × 7	3 × 7	3 × 5	5 × 3	3 × 4	5 × 7
4 × 1	0 × 2	0 × 7	2 × 3	2 × 0	3 × 8	10 × 4	0 × 7	6 × 0	5 × 2
9 × 1	7 × 5	1 × 8	2 × 2	7 × 2	7 × 4	2 × 3	6 × 2	1 × 4	0 × 4
0 × 10	6 × 9	0 × 6	7 × 0	2 × 9	10 × 5	5 × 7	4 × 1	3 × 7	1 × 6
10 × 8	10 × 1	8 × 6	6 × 6	5 × 1	1 × 3	4 × 1	9 × 8	0 × 8	6 × 8
6 × 3	9 × 0	4 × 9	0 × 8	2 × 0	7 × 5	10 × 2	2 × 2	1 × 3	9 × 9
3 × 10	5 × 10	0 × 9	0 × 0	0 × 2	2 × 8	3 × 5	0 × 5	8 × 1	2 × 8
8 × 6	3 × 5	1 × 10	8 × 1	6 × 1	10 × 2	8 × 3	4 × 8	10 × 5	9 × 2

Time: ______________ Score: ______________

4 × 7	3 × 10	3 × 7	7 × 5	10 × 1	2 × 5	5 × 0	6 × 7	1 × 8	8 × 2
8 × 6	9 × 8	6 × 0	1 × 8	5 × 4	0 × 8	9 × 4	6 × 5	9 × 0	9 × 8
8 × 4	4 × 3	7 × 3	1 × 3	8 × 0	3 × 2	7 × 1	8 × 6	9 × 8	3 × 6
4 × 2	9 × 9	7 × 7	8 × 6	4 × 1	2 × 4	6 × 7	3 × 5	6 × 2	1 × 1
10 × 10	9 × 4	10 × 5	3 × 0	1 × 6	4 × 7	8 × 5	0 × 1	0 × 7	5 × 8
5 × 2	10 × 4	6 × 10	7 × 6	2 × 3	10 × 9	4 × 10	3 × 5	1 × 7	9 × 5
8 × 7	4 × 0	2 × 0	6 × 8	0 × 10	0 × 2	9 × 5	1 × 6	2 × 1	7 × 1
1 × 7	4 × 9	3 × 2	6 × 9	4 × 2	9 × 4	3 × 9	9 × 10	10 × 6	8 × 5
1 × 5	8 × 8	2 × 8	1 × 1	6 × 3	1 × 4	8 × 9	9 × 0	4 × 4	3 × 7

Time: ______________ Score: ______________

2×10	8×4	1×10	2×10	0×10	4×7	7×2	0×4	1×0	3×0
1×7	2×2	6×3	1×5	5×6	8×7	9×7	1×10	9×1	10×1
1×0	7×3	1×1	10×6	9×9	4×4	10×4	7×8	5×1	8×3
0×7	10×3	9×5	4×5	9×2	4×10	8×5	5×9	5×6	8×1
8×0	1×2	0×4	8×10	4×5	7×5	10×0	6×4	10×5	8×0
10×2	4×1	1×7	2×10	1×0	10×0	9×6	1×9	0×5	5×3
7×8	6×0	5×9	5×6	8×6	7×1	6×2	1×10	9×4	1×8
1×3	5×6	6×5	0×6	10×3	2×6	9×10	5×4	4×10	0×4
7×7	3×6	10×6	8×9	5×7	3×6	6×3	8×9	10×10	7×1

Made in the USA
San Bernardino, CA
30 August 2016